『異性を思いどおりに動かす!』

新田義治

toExcel
San Jose New York Lincoln Shanghai

はじめに

出版にあたり、下書き原稿を妻に一読してもらったところ「私はもう恥ずかしくて外を歩けないわ」といいます。

たしかに、赤面するような赤裸々《せきらら》な私達夫婦の日常生活が浮きぼりになっていて、書きすぎたかなという気もしますが、皆さんのお役に立てるのならと、敢えてそのまま出すことにしました。

私は東京、芦屋、名古屋を中心に、手相・気学・カウンセリングを活用して皆さんの人生相談をしています。数ある相談の中で子育て・教育問題とともに多いのが、男女間の悩みです。

- **恋人ができない**
- **彼とうまくいかない**
- **結婚できない**
- **夫婦仲が悪い**
- **離婚したいのだが……**等々

この世の中は男と女しかいないのだから、男女間の問題が多いのは当然かもしれません。ほとんどが、ほんの少し努力と工夫をすれば解決するケースです。ところが、その努力と工夫の仕方が分からないから皆さん悩んでいるんですね。

本書は、そんな男女の悩みの解決法に焦点を当てて書いてみました。

全てのものには必ず長所があり欠点があります。また、全てのものには裏と表があるように、考え方、表現の仕方のちょっとしたところで、結果が吉にも凶にも変わります。

「女性の心をつかむにはこうすればいいのか」。「男の人ってこうすれば喜ぶのね」「ナルホド……夫婦円満のポイントはこれなのか」と知ったら、あとは実行して、幸せをつかむだけです。

一人で読むもよし、二人で読むもよし。さあ、それでは、**〝好きな人を射止める秘伝〟〝夫婦円満の秘訣〟**を惜しむことなく伝授いたしましょう。

新田義治

恋人のいる人も
今いない人も
結婚している人も
離婚したいと思っている人も
この本を読んでから
判断し、行動をすれば
必ず幸せな人生になるでしょう

目　次

第3章　好きな人を射止めるための恋愛術　117

本文イラスト 石井圭介

第1章

愛の危機を回避する円満秘伝

枕元ささやき秘法が女房を変える

♥夫婦関係の乱れが衰運を招く

仕事から帰ってきて、あなたはどんな気持ちで玄関のドアを開けますか。

「ああ、やっと憩いの我が家へ帰ってきた。今日は女房のやつ、どんな笑顔でオレを迎えてくれるだろう」

ひとりでにゆるむ口元。そんな気持ちを持てたら最高ですね。

でも、実際はどうでしょう。次のようなパターンが多いんじゃないでしょうか。

「ああ、また家に帰って女房の顔を見なければならない。今日は女房のやつに、どんなグチを聞かされるだろう。だいたい、あいつは……」

自分と人生を共有してくれる人が、身近にいる。それが夫婦生活の喜びのはずだったのに、いつの間にかズレてくる心と心。相手への不満ばかりが積もりに積もって、次第に重さを増してきます。

この重さがいけません。どんなに取りつくろっても、仕事や人間関係にジワジワと悪影響を及ぼしてきます。

仕事のカンが鈍っていませんか。いままで付き合いのなかった人たちと、よくない遊び場に行ったりしていませんか。家族にケガや病気が増えていませんか。子どもの性格にゆがみが生じていませんか。

すべて夫婦関係のバランスの崩れが引き起こしていることです。衰運の原因は夫婦関係にあることが多いのです。

怖いですね。恐ろしいですね。

暗くなってばかりいてもしかたがありませんからなんとか手を打ちましょう。

とはいえ、なんとかしたいと思いつつ、相手の顔を見ると、腹立たしさが先に来て、またいさかいの繰り返しという悪循環愛憎地獄に陥っている人も多いことでしょう。

気持ちはわかります。とってもよくわかります。

でも、やり方はあるんです。ちょっとしたコツと勇気があれば、新婚当時のような夫婦円満を取り戻すことは可能なのです。

それだけじゃありません。夫婦仲を良くすることをきっかけにして、夫は出世し、妻は美しくなり、人生が百倍楽しくなるという、ぜいたくで欲張りな幸運を呼びこもうというのが、この本の目的です。

衰運一掃、絶対開運の愛の秘法とでも申しましょうか。

これからいろいろとお話ししていきますが、まず最初に、今すぐ実行できて、明日から即効果の出る、夫婦和合の秘儀を紹介しましょう。

そんな都合の良いものがあるのか、と驚かれるでしょうが、あるんです、これが。

♥足りないのは愛念だ

私は結婚が二十三歳と早かったものですから、家内と連れ添ってもう二十年以上になります。今でこそ「新田さんのところは御夫婦とも仲が良いねえ。うらやましいですね」と人から言われるんですが、じつはここに至るまでの夫婦生活は、危機に継ぐ危機の連続でした。

その原因はまた後でお話しするとして、十年ほど前にいよいよ瀬戸際を迎えまして、家内が離婚届けを持ってくるというところまで行ったんです。

研究会の仲間や先輩方も心配して、いろいろとアドバイスしてくださいました。そのとき言われたのが、

愛していても、言葉に出して伝えなくては相手は不安になる

「奥さんに『愛している』と言ってあげてるか」

ということだったんです。私はドキッとしました。

よく考えてみると、十年以上もいっしょにいて、一度も家内に「愛している」と言ったことがなかったんです。

♥枕元で「愛してるよ」とささやく

「愛念を言葉で表現しなさい」と言われて私は困ってしまいました。

恋愛中も結婚してからも、そんなことは一度も言ったことがありません。それに、私もけっこう古い人間ですから、男が「愛してるよ」なんて、歯が浮くようなセリフを言ってたまるか、それも三十過ぎて、という気持ちがあります。

ですが、家内はもう、離婚話をいつ持ち出そうかという状態です。なんとかしなければならない。本当に「愛してるよ」と言えば、なんとかなるのだろうか。いや、言えない。オレにはとても言えない。

悩みましたね。でも、やっぱり絶体絶命の中で素直になったんでしょうか。とにかく言ってみようと決心しました。そういうふうに気持ちが吹っ切れるまで、どれだけの勇気が要ったことか。

家に帰ると、時間が遅かったものですから、家内は先に寝ています。向こうにしても、夫婦関係がこんな瀬戸際を迎えているときに、仕事とはいえ、私が出掛けたまま
いつまでたっても帰らないわけですから、頭にきていたんでしょうね。

起こそうかどうしようかと迷っているうちに、フッとよいことに気づいたのです。それは家内の潜在意識に訴えかけるということです。

どういうことかと言いますと、人間は眠っていても、意識下の心が働いていて、情報をインプットすることができるんです。たとえば睡眠学習というのがありますが、これは眠っている間にヘッドフォンで学習用テープを聴くことによって、潜在意識に情報を記憶させようというものです。本人は覚えたつもりはなくても、心に刻みこまれるのです。

私は家内に、これを応用することにしました。こっそりそばに行って、眠っている耳元で、気持ちをこめてこう語りかけたんです。「いつも世話になってるね。どうもありがとう。いろいろ迷惑をかけるけれど、お互いにこれから仲良くやっていこう」

そして、「愛しているよ」と、言いました。

ああ、今思い出しても、われながらよくやったなあと思いますね。でも、そのときは必死だ

ったのでしょう。

さて翌日。

私が目を醒ましますと、家内が「ふふーん」と鼻歌を歌いながら、炊事をやっているではありませんか！

昨日までのピリピリした冷戦状態はどこへやら、家内の気嫌がすっかり直っているのです。

昨晩の私のささやきが、夢うつつの彼女の心にきちんとインプットされ、それまでの不安が一掃されたのです。

こうして私たち夫婦は、最大のピンチを切り抜けました。

名付けて、「耳元ささやき秘法」。

これは是非、おすすめします。

お互いに口を開くとケンカになる夫婦でも、相手が眠っているのですから安心です。顔を見ると言えなくなる奥さんへの愛念を、心をこめて語りかけてください。

夫婦だけじゃなく、恋人同志でも応用できます。一晩いっしょに過ごす機会があったら、試してみてください。必ず彼女は、よりいっそうあなたへの愛情を深めてくれるはずです。

私なんかすっかり味をしめまして、それ以来、いつも冗談半分みたいに「愛してるよ」を連発しています。おかげで、すっかり夫婦中は円満になり、今、新婚時代のような甘い生活を送っています。

この「耳元ささやき秘法」、何がいいかというと、素直になれるんですね。

心の中にちゃんと存在しながら、でもいろんな感情の陰にかくれて見失っている、相手への愛念と感謝の気持ち。それを自分自身が素直に認めることができるんです。その素直な気持ちが、相手の潜在意識の中に染み入るからこそ、相手のかたくなな心も解きほぐされるわけです。

もともとお互いに、愛し合っていることが基本にあるわけですから、その原点に立ち返りさえすれば、容易に相手を許せます。こちらが許せば、相手も許してくれるのです。

結局、相手を変えようと思ったら、まず自分が変わらないといけないんですね。これまでは相手だけを変えようとしたからうまくいかなかったのです。

まず、自分が変わること。

自分が愛念をきちんと相手に伝えられるように変わればいいんです。そうしたらうまくいきます。

要は、とにかくまず行動のきっかけを作ることです。奥さんの顔を見て何も言えないんだったら、まず眠っている奥さんの耳もとで話しかけることです。そうすれば、自分がその気になります。そこから変わっていけばいいのです。

♥夫婦仲の乱れが招いた災い

どうしたら夫婦円満な家庭を築けるかというお話をしているんですが、その前に私自身のことをもう少し語っておこうと思います。

私は学生時代の恋愛からそのままわりとスンナリ結婚してしまったのですが、それがどうやって離婚の一歩手前までいくような最悪の関係になってしまったかということです。

スタートの時点からして、すでに波乱含みでした。結婚式が三月十五日。ところがその三日後が、勤めていた小学校の卒業式で、私が司会をすることになっていたのです。

それで、新婚旅行には行けずじまい。昔は今より、新婚旅行にロマンを感じていた時代ですから、それに行けなかったというのは、やっぱり家内にとってショックだったようでした。今ではもうそんなことはありませんが、以前は「私は新婚旅行に行ったかしら」と、思い出したようにチクリと攻撃してくることがよくありました。

結婚生活がスタートしてからも、私は教職員組合の青年部の役員をしていましたから、毎晩帰りが九時十時でした。夕食を家で食べた記憶はほとんどありません。

三ケ月近く過ぎた頃に、私の誕生日を迎えました。ちなみに、六月六日が私の誕生日です。結婚して最初の誕生日ですから、家内は楽しみにしていたんですね。私も、久しぶりに夫婦水入らずで過ごそう、新婚生活を楽しもうと思って、六時には帰ることにしていました。

家内はもうウキウキです。腕によりをかけて料理をこしらえ、部屋を色紙やテープで飾り立てました。保母をやっているものですから、そういうキンキラキンの飾りつけは得意なんです。そして、ケーキを作って私が帰って来るのを、今か今かと待っていたんです。

ところが、私にとって運の悪いことに、翌日が組合の総会だったのです。その議案書の作成準備に追われて、六時に帰るどころではなくなってしまいました。

「ごめん、九時までには帰る」と電話を入れたのですが、それが「十時には絶対」となり、「十一時までにはなんとか」となって、とうとうその日のうちに仕事が終わらず、外泊するハメになってしまいました。

家内が一生懸命に準備し、楽しみにしていた二人きりの誕生パーティーは、すっかり台無しです。飾りつけた部屋の中で、一人ぽつんと私を待ち続け、挙句の果てにすっぽかされた家内の失望は、ちょっとやそっとではありませんでした。

こんなふうに、私は結婚してからも自分のペースを崩さず、家庭を顧みなかったもので、家内の抱いていた甘いイメージが、どんどん崩されていったのです。夫は尽くしてくれないし、彼女の方は私に尽くしたくても食事も一緒にできないことが多いくらいですから、尽くしようがない。そんな日々が続くうちに、いつしかお互いの気持ちが離れて、夫婦仲がうまくいかないようになりました。

それでも二年目に彼女が妊娠し、子供ができるということで二人とも喜んだんです。ところが、七ケ月目に流産してしまいました。双子の女の子でした。

この頃は、まだ知らなかったのですが、夫婦仲が良くないと、子どもに悪い影響が出るんですね。子どもがうまく育たないとか、よくケガや病気をする、あるいは障害を持っているなどというのは、だいたい夫婦仲に問題があると思っていいと思います。私たちの最初の子が流産した原因もそこにあったのです。

ところが、災いはそれだけでは終わりませんでした。

しばらくして次の子ができたんです。今度はちゃんと生まれました。男の子だったので嬉しかったですね。夫婦仲も、その子がクッションになって、なんとかうまくいってたんです。

子どもが二歳七ケ月になったとき、私の父親がガンになりました。もうダメだという連絡を受けて病院に行ってる間、子どもをちょっと離れていた実家に預けたんです。

夫婦仲が悪いと子どもにまで不運が及ぶ

父親はそのまま亡くなりました。ところがそれと同じ頃、子どもが実家の前にある線路で汽車にはねられて死んでしまったんです。同じ日に父親と息子と、一度に失くしてしまったんです。

単なる不運ではありません。すべて私たち夫婦の責任なんです。夫婦仲の悪さを、子どもが全部受けてしまったんです。

さすがにこのときは、私も家内も共にショックが大きく、家庭内がボロボロになってしまいました。お互いがかばい合えず、別れ話も出ていたんです。それくらい、すっかり心が離れてしまったんです。

けれども、別れるのがいいのかどうなのかわからなかったので、もう少し様子を見ようということになりました。それから私は、いろいろ考えたんです。

♥別れようと思って結婚するわけじゃない

結婚するときに、何年後に別れようと思って一緒になったわけじゃありません。やっぱり、この人とずっと添い遂げて幸せな家庭を築きたいと思ったから、結婚したんです。まず、そのことを強く自分自身に言い聞かせました。

それから、別れるというのはどういうことか。どんなに円満に別れたとしても、やっぱり傷つかないでいられる別れなんてありません。

傷つけあって別れるということは、お互いに業を作るということです。自分の代はいいかもしれないけれど、子どもから孫から子々孫々まで、その業は伝わります。

だから、業は作らないぞ、絶対に別れないぞと心に誓ったんです。

離婚しないと決心したら、じゃあ、どうやって家内との生活を作り直すかが新しいテーマになりました。

人生八十年と考えて、あと五十年は一緒にいるわけです。どうせそれだけ長く一緒にいなきゃならないんだったら、楽しくなければつまらない、よし、楽しくやろうと思ったんです。

諸行無常という言葉がありますね。すべてのものは必ず移り変わっていくものだという意味です。

私は、この諸行無常に望みを託しました。人間は必ず変化するんだ。自分のものの考え方や感情はどんどん変わっていくだろうし、家内も変わるはずだ。今はいがみ合っているけれども、そのうち必ずうまくいくはずだ。

そのためには、まず自分が変わろう。自分が変われば、妻も変わってくれるはずだ。

もう、過去にはこだわらない。大切なのはこれからだ。

そう思ったのです。

この時、長女が生まれていて、九か月だったのです。この長女の存在は有難かったですね。二人とも無邪気な長女の笑顔に救われたと言ってもよいでしょう。「子はかすがい」というのは本当です。

♥愛とは二人で育てるもの

どうやったら夫婦仲を良くすることができるのか。それを考えるようになってから、私は自分がどういう夫だったかということを、あらためて振り返ってみました。

すると、私自身が、いくつか重大な勘違いをしていたことに気づいたのです。

私は、結婚してからもマイペースで仕事に取り組んできました。教師になったばかりで熱意にあふれていましたし、また教育者であることに強い自負心を持っていたので、学校にいようが家庭にいようが、教育のことしか頭にないのです。

生徒をうまく指導するにはどうするか。世の中はどうやったら良くなるのか。家にいてもそんな話しかしないのです。

家内はそんなことどうでもいいんです。夕食の味はどうだったか、部屋の模様替えをどうするか、二人で買物にいつ行くかというような話をしたいのです。

ところが、私は錯覚をしてまして、難しい話をすることが、お互いに切磋琢磨して伸びることだと思っていたんですね。

私にとって大切なのは、常に自分をより高めていく向上心でした。それを家内にも求めたんです。

ですから、家内の欠点をいちいち指摘していました。もっとこうした方がいい、ああした方がいい、と。自分が向上心を持って自分に厳しく生きていますから、相手もそうあるべきだと思っていたのです。

家内は、「今のままでいい」と言ってほしかったのです。彼女もそれまでけっこうモテたみたいなので、プライドもあったのでしょう。ですから、私が難しい話をすればするほど、自分の殻に閉じこもってしまいます。

「あなたは私の良さを全然認めてくれない」

彼女は私に訴えました。

「あなただけがマイペースで走っているじゃないの。私はあなたの何なのよ」

そう問われても、「妻じゃないか？」くらいしか、私には言えなかったんです。今から思うとひどいことです。妻の人格をまるで認めていなかったんですから。家内は何ひとつ私の欠点を指摘したことはありません。一生懸命に私の良いところを認めてくれようとしていたのだと思います。

それなのに私は、自分の考えばかりを、家内に押しつけていました。夫が仕事でバリバリ活躍できるように家を守って夫につくすのが妻の役目であると思っていましたから、私の世界に彼女を従わせようとしていたのです。愛があるならそれが当然だと思っていたのです。ここに根本的な勘違いがありました。

愛というのは、二人で育てるものだったのです。

Aという男性とBという女性が出会って、A′やB′を作るのが結婚ではありません。そうではなく、AでもBでもない、新しいCを二人で作っていくのが、結婚生活だったんですね。

だから私は、結婚するまでの二十数年間の自分の生活を、ちょっと横に置かなきゃいけなかったのです。もちろん、家内も置くべきでした。

お互いに自分のペースに相手を引きこもうとせず、一回、すべてを御破算で願いましては、ということにして、新しい二人の生活を作らなければならなかったんですね。

それに気づいてから、私は自分を変えられるようになりました。必死で、新しい夫婦生活を作り出そうとしたのです。

本当は、新婚のときにそれに取り組まなければなりませんでした。私の場合、結婚してすでに何年も経っていましたので、やっぱりしんどかったです。できかけの形を、一回すべて壊さなければならなかったのですから。

♥同じレベルの御魂《みたま》しか結ばれない

もうひとつ、自分自身で気づいて、非常にショックだったことがありました。

それは、自分が家内を、見下していたということなんです。

私の母親は非常にしっかり者で、家事も育児も仕事もよくやれる女性でしたが、父親にとってはやや煙ったい存在のように子供心に感じていました。

自分の言いなりになる女性、というのが私が結婚相手に求める条件でした。家内はまさにピッタリだと思ったのです。

ただその結果、私は自分の言うことをハイハイと聞いてくれる彼女を、自分より下に見ていたんです。そして、彼女の欠点なんかを見て、至らない人間だと思って、軽んじていたわけです。

自分のそういった感情に気づいたとき、私は自分がいかに傲慢で鼻持ちならない人間だったかということを思い知らされました。

家内を見下していた自分自身の愚かさに、激しく打ちのめされたのです。

そのとき気づいたのですが、夫婦というのは御魂《みたま》のレベルが一緒なんです。同じレベルの人間同志が、縁あってくっつくんです。

極端なことを言うと、たとえば結婚したいなと思って外に出て、最初に出会った異性にプロポーズして、うまく結婚できたとします。一方、自分にいちばんふさわしいタイプを徹底的に研究し尽くし、お見合いを繰り返してこれだと思う相手と結婚したとします。結果的にどちらも相手のレベルはそう変わらないのです。

なぜなら、自分のレベルに見合った相手としか結婚できないようになっているからです。自分が六十点なら相手も六十点。七十点なら七十点の相手でしかありません。七十点の人間が、九十点の相手と結ばれることはないんです。逆に、二十点や三十点の人との縁もないんです。縁とはそういうものです。

だから似たもの夫婦と言うでしょう。似てないようでも、必ず似てるんです。御魂のレベルが同じなんです。それが縁で結ばれるのです。

縁談とはよく言ったものです。まず縁があってから、話が進むんです。話によって縁を作るんじゃありません。一見、そんなように見えても、じつは縁に動かされているんです。

この法則は、夫婦だけに限りません。男友達、女友達というのも、すべて縁で結ばれているのです。

「袖すり合うも他生の縁」と言いますね。つまり、道を歩きながら、ちょっと袖がすり合っただけの人でも、今まで何度も生まれ変わってきた中で必ず縁があったんだ、ということです。夫婦でも、友人でも、仕事仲間でも一緒ですが、仲が良いというのは、仲良しの縁があったということなんです。逆に、夫婦であっても、顔を見たら腹が立つとか、ついいじめてしまうなどというのは、逆の縁なんです。それでもやっぱり、縁は縁なのです。

別の言い方をすると、うまくいってる夫婦は、前世で徳を積んだ人同志が一緒になってる縁。うまくいかない夫婦は、前世からの業が、縁に現れているのです。

なぜ、お互いに負担になる縁があるかというと、すべてその人にとっての修業だからです。うまくいかない夫婦生活というのは、苦しい環境の中で修業しなければならない御魂の持ち主同志が、一緒になっているということです。御魂が同じレベルだというのは、そういう意味な

夫婦は互いが自分の写し鏡

のです。

したがって、苦労の多い夫婦は、その苦しさに取り組んで、なおかつ乗り切ることによって、同じ業を清算していくしかないのです。だから、相手のことがどんなに気に入らなくても、同じ業をお互いに背負っているわけですから、多少のことには我慢しましょう。

自分が気に入らないことを相手からされるというのは、前世においてこっちがしていたということなんです。ですから、自分の結婚相手を低く見るということは、自分自身がそのレベルだということです。相手をけなすということは、自分自身をけなしているんです。

逆に、相手の良さを見つけるということは、自分自身の良さをみつけることです。相手を認めることは、自分自身を認めることになるんです。

夫婦は、同じひとつの御魂である。そう思ったら、もう家内をけなしたり、見下げたりするようなことは、とてもじゃないけど恥ずかしくてできなくなりました。

その代わり、心からの感謝と愛念が、あふれるように生まれてきたのです。

こうして私も変わっていきました。

♥妻から夫へ、娘から父へ

こうして新しい家庭作りに取り組み始めたわけですが、そうそう簡単に、一晩ですべてが良くなるわけではありません。やっぱり山あり谷ありで、いろいろと大変でした。

しかし、その後、子供も二人の女の子に恵まれて、少しずつ少しずつ、良い方に変わっていきました。そして、今はすっかり、幸せ一杯の家庭生活をおくらせていただいています。

私の四十四歳の誕生日に、家内と娘二人から、私に贈られた手紙があります。その手紙をここで紹介したいと思います。

かなり照れ臭くはありますが、私の家庭が最悪の状態を抜け出して、今、どんな雰囲気にあるのかを知っていただくには、一番わかりやすいと思うからです。夫婦でお互いに頑張れば、ドン底からここまで回復することができるというひとつの例だと思って、お読みください。

まず、小学六年生の次女からです。

「お父さんお誕生日おめでとうございます。

もう四十四歳ですね。最近あまり会えないけれど、お母さんが、お父さんは全国の人々が幸せになるように神様の話をしていると言っていたので、すごい偉いんだなあと思いました。私もできるだけ、お父さんに心配をかけないよう努力します。このごろシラガが少し増えてきたみたいだけど、体に気をつけてくださいね。お父さんが帰って来た日は、お母さんはいつもと違って何となくうれしそうです。私もうれしいです。

いつまでもお母さんと仲良くしてね。そしてまた夏と冬のコスモメイトのキャンプに連れていってください。お父さんが今度帰ってきた日に誕生会をしたいですね。いつまでもかっこいいお父さんでいてくださいね。いつか大きくなったらオーストラリアに連れていってください。」

私は今、講演などの仕事で地方を飛び回っていまして、家に帰るのは月に四、五回です。私が家に帰ったときに、家内がうれしそうにしてるところなど、子どもはちゃんと見てるんですね。

次は、中学三年になる長女です。

「お父さんへ、ハッピーバースディー。最近よく思うんだけど、お父さんは四十歳を過ぎてから、誕生日を迎えるごとに若くなっているんじゃないかと思います。だからますますお父さんのことが好きになりました。私もお父さんに好かれるようなかわいい子になりたいと思います。あと一年たてば私ももう高校生なので、オーストラリアや定例会などいろいろなところに連れ

自分の心ひとつで、家庭は天国にも地獄にも変わる

ていってください。いろいろなところに連れていってもらうためやこれからの私の人生のために、春に向けて一生懸命勉強したいと思います。このごろ勉強が楽しいし好きになってきたので、今の気持ちを大切にし頑張っていきたいと思います。お父さんも毎日いろいろなところへ行って、神様のためみんなのために働いているけど、もう四十ちょっとなんだから体に気をつけてください。それと、いつまでもみんなに人気のあるお父さんでいてください。いつまでも優しいかっこいい明るいお父さんでいてね。」

そして最後に、家内からの手紙です。

「お誕生日おめでとうございます。あなたのすばらしい活躍、いつも前向きな姿、神様一筋のあなたをほんとうに立派だと思っています。一つ一つの夢を現実にしていく、どんなことでも積極的に取り組んで自分のものにしていく、そんなあなたの妻でいられる私は……。

たった一度の人生、自分の思ったことを思ったとおりに歩んでください。私や娘二人のことは心の片隅に置いて、皆様の幸せのためにこれからも大いに羽ばたいてくださいね。私も精いっぱい応援したいと思っています。これからもよろしくお願いします。」

家内の手紙にも、私が前向きだと誉め言葉で書いてありますが、十数年前にはこれが夫婦仲のさまたげになっていたのですから、皮肉なものです。

今になってこういう手紙をもらえるというのは、やっぱり感無量ですね。本当に投げ出さなくてよかったと思います。家内もよく我慢してやってくれました。心から感謝します。ありがとう。

さて、ここにいたるまでには、私にとっての苦心惨憺、研鑽錬磨があったわけですが、そこから編みだした男女円満のノウハウを、実践編として皆さんに紹介していきたいと思います。

♥心を受けてノをつける〝愛の漢字分解秘法〟

愛という字をよく見てください。分解すると、「受・心・ノ」になりますね。ここから生まれたのが、〝愛の漢字分解秘法〟です。

どういうことかと言いますと、「相手の心を受けてノをつける」ことによって、愛念を表現するテクニックなのです。

よくあるパターンで、

「おい、腹へったよ、飯はまだか」

「なによ、自分は何もしないくせに。今作ってんのよ」

これではお互いにムスッとなりますね。

パターンその二。

「ねえ、ぐずぐずしないで早くおフロ入ってよ」

「うるさいな、自分が先に入りゃいいだろう」

このあと奥さんが部屋の戸を閉めるときの、ピシャンというきつい音が聞こえてきそうですね。

こんなときに効力を発揮するのが、相手の心を受けてノをつける〝愛の漢字分解秘法〟なのです。

「腹へった」と言われたら、

「あ、おなかすいたの？」

と、相手の言葉に「の」をつけて受け止めればいいのです。そして、「ごめんね、今作ってるのよ」と言えば、相手だって「じゃあ待とうか」となります。

二つ目のパターンも同じです。「おフロに入って」と言われたら、

「あ、早くフロに入ってほしいの？」

と、「の」をつけて言葉を繰り返すんです。そして、「今ちょっとこれをしたいから、先に入って」と言えば、すべては丸く収まります。

つまり、この秘法は、相手の言った言葉に「の」をつけて、そのまま繰り返すんです。そうすれば、相手は自分の気持ちを受けとめてくれたと思って、一度そこで落ち着きます。これが、心を受けるということです。それから自分の意見を言えば、うまくいくのです。

相手の言うことに、イエスもノーも言わないで、とにかく「の」をつけて繰り返す。それだけでいいのです。

誰でも自分に関心を持ってもらいたいですよね。つまり相手が自分を認めてくれてるか、自分を尊重してるかが重要なんです。それが確認できないと不安になります。ケンカになるのはそんなときです。

ですから、相手の言ったことを、まず受けとめてあげる。「の」をつけて繰り返すことによって、あなたの言ったことは確かに聞きましたよ、ということをハッキリ示すわけです。これが、愛念の表現なのです。そうすれば相手は安心します。

また、自分にとっても、相手の言ったことを繰り返すことによって、ひと呼吸置くことになります。すると、次の言葉を言うにしても、落ち着いた言い方をする余裕が生まれます。会話が自分のペースになるのです。

こうすれば、無駄に感情がささくれ立つのを防ぐことができます。大切なのは、相手を一度受け止めてあげようという優しさです。

まずは、相手の言葉（心）に「の」をつけて繰り返すだけの〝愛の漢字分解秘法〟を、心掛けてみてください。それだけで驚くほど夫婦の会話がスムーズになるはずです。

自分だけが何かを我慢したり、無理に笑顔を作ろうとしても、どうせ長くは続きません。無理をするのではなく、まず、スムーズな流れを二人の間に作ること。

夫婦の円満な関係は、そこから始まります。

♥〝夫婦相乗り秘法〟

夫婦ゲンカを回避する方法を、もうひとつ紹介しましょう。名付けて〝夫婦相乗り秘法〟といいます。

たとえば、「今日、カレー食べに行かない？」と誘われたとします。でも、気が進みません。そのとき、「嫌よ、カレーなんて」と言ってしまうと、「なんだよ、せっかく誘ってんのに」となって、気まずくなってしまいます。多いですね、このパターン。

相手が持ちかけてきた事をいきなり否定してしまうと、相手の気持ちがそこで叩きのめされてしまいます。誘うというのは、自分が楽しいと思っているプランを、相手にも楽しいと思ってもらいたいわけなんです。その気持ちに対して相手が乗って来ないとなると、「じゃあ、勝手にすれば」と心がしぼんでしまうんですね。

「イヤ」と言った方は、次に自分の意見を聞いてもらえると思っているかもしれませんが、それは違うんです。誘った方にしてみれば、自分のプランに乗ってもらえるかどうかが重要なんです。相手の意見を聞いているんじゃないんです。

ここのところがわからないと、誘った方は「人の気も知らないで」となり、断った方は「人の意見も訊かないで」となって、ケンカになってしまいます。

さて、こういうときに活用するのが、〝夫婦相乗り秘法〟なのです。

「今日、カレー食べに行かない？」と誘われた。でもカレーライスは食べたくない。そういうときでも、まず、

「あ、いいわね。カレーっていいアイデアだわ」

と、ひとまずプランに乗ってしまうんです。これで、相手が楽しいと思っているプランを受けとめ、いっしょに楽しんであげたことになります。ここで相手との気持ちが合ったわけです。

そうしておいて、次に、

「だけど、ラーメンもおいしそうじゃない？」

と、別の案を出してみます。

これは反論じゃないんです。おいしいものを食べに行くというプランを、いっしょに楽しんでいることになるんです。この場合、ラーメンを持ち出したというのは、二人にとってカレーよりもっと楽しめるものがあるんじゃないかという、発展的な提案になっています。だから相手も、その意見を自分のこととして考えることができるんです。

すると、どういうことが起こるか。

「ラーメンか。ラーメンもいいなア。でも、今日はいっそのことちょっと奮発して、ビフテキなんかどうだろう。ねえ、ビフテキにしない？」

「うわあ嬉しい。私、ビフテキを食べたかったの」

かくして、食べたくないカレーに始まって、とうとうビフテキをおごらせることだって不可能ではないんです。

これが相乗りの極意です。とりあえず相手のプランに乗って、いっしょにものを楽しむ状況を作ってしまうんです。そこから、さらに二人にとって楽しいものはないか、と気分を高めていけばいいのです。

相手の言ったことを認める。そうすれば、それに励まされて、相手はもっといいアイデアを

相手の意見はとりあえず一度認める

出してきます。それをまた励ましていく。

こうすることによって、相手の気分を害することなく、プランの軌道修正ができます。そして、二人にとってより良い状況を作っていけるわけです。

これを私の人生の師である深見先生の言葉で言うと、蹴まりの極意ということになります。相手の気持ちのいいところへ、まりをポーンと蹴ってあげる。すると向こうも、こちらの気持ちのいいところへ、ポーンと返してくる。これを繰り返していると、お互いに優しい気持ちで楽しくなれます。

これが相手を立てつつも、なおかつ自分のペースに持っていって、結果的にお互いが気持ち良くなれるコツなのです。

夫婦の間だけじゃなく、仕事で企画をまとめるときなんかでも効果を発揮しますので、大いに活用してみてください。

♥ケンカのパターンをつかむ

仲の悪いときというのは、本当につまらないことでケンカをします。自分自身で、何がこんなに気に入らないんだろうと思いますが、とにかく相手の顔を見ただけで腹が立つときっていいうのはあるものです。

しかし、ちょっと自分のケンカの風景を振り返ってみてください。きっかけはあれこれあるとして、でも、ケンカになるパターンはだいたい同じだということに気がつきませんか。男性がふたこと目に「だから女はダメなんだよ」と言うとか。すぐに、過去の過ちを持ち出すとか。

女性の場合、男性が何か意見を述べると、「そんなの私の勝手でしょ」と言うとか。それに対して男性が「いっしょにいるのに、勝手はないだろう。だいたい君はいつも……」と言い返すところから始まって、あとはドロ沼というのもありますね。

意見のやりとりをしていると、いつも必ず夫が説教を始めてしまい、女房がうんざりして黙りこんでしまうという夫婦が、私の知り合いにいます。

「いけないと思いながら、興奮すると、つい」と、そのご主人は頭をかくのです。

こんなふうに、うまくいかない二人のパターンというのが、必ずあるものです。別に相手に文句を言おうとしたのじゃなくても、どういうわけかひとりでに落し穴に陥ってしまうようです。

慢性のケンカを避けようと思ったら、まずこのパターンをつかむことです。そして、自分で心掛けて、悪いパターンに陥らないように努力するのです。

だいたい自分でもわかりますよね。ああだこうだ言ってる最中に、「ああ、これはまた向こうが怒り出すパターンだな、まずいな」となんとなくピンときてるものです。

そこでパッとやめたり、違う方向へ話を持っていけばいいんです。ところが、人間というのは、わかっていてもなぜかそのまま良くないパターンへ突入したりします。

結局、相手への愛念よりも、我の強さがその瞬間に出ているわけです。

〝愛の漢字分解秘法〟にしても、〝夫婦相乗り秘法〟にしても、つまりはケンカになりそうなパターンを、未然に違う方向へそらすための工夫なのです。

その二つを手本に、自分たち夫婦、あるいはカップルが、相手にどんな働きかけをしてあげたら、つまらないケンカを避けられるか、工夫してみてください。

♥二人だけのキーワードで仲直り

ケンカにならないようにしよう、と思っても、やってしまうときはあります。そうなってしまったら、とにかく仲直りするしかありません。上手な仲直りの仕方というのを考えてみましょう。

基本は謝ることです。ケンカなんて、どうせどっちもどっちなのですから、意地を張らずにパッと自分から謝ってしまう。これができたらいちばんですね。

ところが、場合によっては、その誠意が通じないこともありますから注意が必要です。

よく夫婦ゲンカをしている友人に、「自分から謝ったことあるの」と訊いてみたんです。そうしたら「ない」と言う。

「じゃあ、一度、オレが悪かったって言ってみたら」

私はそうアドバイスしました。

彼は、「ええ？　オレから言うの」とゴネてましたが、家に帰って実際に謝ったみたいです。

ところが、後で彼が「全然、話が違うじゃないか」と、私に怒ってきたのです。

「オレが悪かったと言ったんだよ。そしたら、女房のやつ、そうよ、あなたが全部悪いのよなんて言いやがって。それで腹立って、よけいケンカになっちゃったじゃないか！」

これは私の誤算でした。

普通、「オレがわるかった」と言われれば、「いや、私も悪かったの、ごめんなさい」となるものなんですが、奥さんがそこまで一方的な人だとは私も読めませんでした。

こちらがちょっと下手に出たら、かさにかかって攻め立ててくる人はいるものです。ですか

仲直りのキーワードをもっているか

ら、謙虚に自分から謝ってしまうのも、ちゃんと相手を見てやらないと、大変なことになるんだなと、つくづく感じました。

さて、仲直りのポイントですが、大切なのはキーワードです。二人の間では、これがキーワードになって必ず仲直りできるというものを、見つけ出すことです。

テレビの『志村けんのだいじょうぶだあ』で、「ご、ご、五時の夫婦」というコントをやっていましたね。志村けんが夫で、石野陽子が妻を演じてるあの番組です。

あの夫婦は、なにかというと石野陽子が荷物をまとめて出て行こうとするのを、志村けんの夫がなだめるのですが、そこで毎週定番のキーワードが使われます。

ひとつは、妻の方が嫌がる夫に無理矢理言わせる「愛してるよ」のセリフ。これで石野陽子はだいたい出ていくのをやめます。

もうひとつは、夫にののしられた妻が、「そこまで言う？」と返すのに始まり、お互いに「ゆう」が語尾につく言葉を返し合う言葉遊びを行って、最後に「仲直り」と握手するというのがあります。

これは、もちろんコントですけれども、夫婦のあり方としては、とても良いと思います。

二人の間なら、これさえあれば大丈夫という、仲直りのキーワードを持つこと。二人だけのキーワードだから、他人にはわからなくていいんです。そういうのがあると、夫婦の絆は強くなります。

それから、相手の喜ぶことを、物で表現するというのがあります。私の家内ならソフトクリームです。これさえ持っていけば、ちょっとした不気嫌なら直ってしまうんですから安上がりで助かっています。ケンカしたあとも、二人でニコニコしてソフトクリームを食べたら、収まっちゃうんですから。

これが、宝石じゃなきゃダメだ、というような人だと困るんですが、なるべく簡単で、くすぐり効果の大きなものを、さりげなくプレゼントできるといいでしょう。

第2章

パートナーを思いどおりに動かす法

妻を〝尽くす女に〟変える法

♥釣った魚にエサをやるのを忘れない

「どうも女房が気がきかない」

そんな亭主族の嘆きが、あちらこちらから聞こえてきます。

じつは女房を操るには、ちょっとしたコツがあるのです。そのコツさえマスターすれば、どんな女房でもたちまち最高の妻に変身というわけです。

そのコツを知りたいですか？　わかりました。では、伝授いたしましょう。

まだ結婚していない人は、妻を恋人と置き換えて読んでいただければいいと思います。

まずは、いちばんめの原則です。

それは、〝釣った魚にエサを与え続ける〟ということです。

奥さんを射止めたときのことを思い出してください。釣り針にできるかぎりの良いエサをつけて、素晴らしい魚が釣れるのを待ったんじゃないですか。そうでしょ？

釣れたのがコイだったかフナだったかはわかりませんが、今では自分の家の池の中で泳いでいるわけです。

その魚に、今、ちゃんとエサを与え続けていますか。エサを与えずに、一生懸命池の縁を叩いて、「泳げ、泳げ」といっても、それは泳いでくれるもんじゃありません。

では、エサとは何かということになりますが、いろいろある中で最も大切なのは、承認の欲求を満足させてあげる、ということです。

承認の欲求というのは、簡単に言うと、私にいつも関心を向けていてほしい、私を認めてほしいということです。

これは、人間なら誰でも持っている欲求ですが、女性は特に、好きな人との間で強くこれを求めます。つまり「いつも私だけを見つめていてくれなきゃ嫌だ！」ということです。

男性の場合、服装のワンポイントや、髪型や、部屋の飾りつけが少し変わったとしても、あまり関心はありませんが、女性はそういうところを見逃してほしくないのです。見逃されると、「私に関心を持ってくれない」と言ってがっかりします。

女性が求めているのは、安心感なのです。愛されている安心感とでも言えばいいでしょうか。

「ああ、この人の心にはいつも私がいるんだ、この人はいつも私のことを考えてくれてるんだ」

と実感できれば、安心して男性に身も心もゆだねてきます。

女房が〝尽くす女〟になってくれるのは、そういうときなのです。

♥キーワード「君のおかげ」で妻もイチコロ

さて、どうやったら、妻の承認の欲求を満たしてあげられるかということですが、いちばん簡単なのは言葉です。なにしろ言葉はただですからありがたい。

お茶を入れてくれたら、「ありがとう」

食事を作ってくれたら、「おいしいよ」

髪形を変えてきたら、「おっ、いいね」

これだけのことでいいのです。あまりにあたりまえすぎて、バカバカしいといえばバカバカしいのですが、意外と皆さん、このあたりまえのひとことが言えてないんです。「だって、うちのやつが髪形を変えて似合ったためしがないんだよ」

なんていうのはダメです。似合っていようがいまいが、まず「おっ、いいね」と誉める。それからもし、前の髪形の方がよかったのなら「いまのもよく似合うけど、前の方が君らしいかな」と言えばいいのです。

まず、相手のしたことを認めること。認めて喜ばせてあげればいいのです。

それから、自分自身の意識の変化も大切です。何か奥さんから世話をしてもらったときに、女房なんだからあたりまえだと思わないこと。親しき仲にも礼儀ありと言いますが、「ありがとう」のひとことは、絶対忘れてはいけません。

私は車の運転をしないことにしているので、いつも家内に運転してもらっているんですが、そのとき「ありがとう」と必ず言います。意識的でなく、もう無意識に口から出てますね。

これがもし、私がさも当然だという顔をして、車に乗り降りしていたらどうでしょう。妻だってまさか、私を乗せるのを嫌だとは言わないでしょうが、ときには深夜に迎えに来てもらうこともあるわけですから、グチのひとつも出るかもしれません。

私が一回一回、「ありがとう」と感謝の気持ちを伝えているからこそ、家内も納得して喜んで足代りを務めてくれているのでしょう。

この「納得して」というのが、妻を思いどおりに動かすために大切なことです。力づくで無理矢理に、というのでは相手も納得しませんし、継続もしてくれません。「この人がこう言うんだからやってあげよう」と、妻に納得してもらえるように働きかけるのです。

さて、こういうときにいちばん効くキーワードがあります。

それは、お礼を言うときに、必ず「**君のおかげで**」というひとことを添えるんです。

「君のおかげで、僕は毎朝会社に遅刻しないで行けるんだ。ありがとう」

という具合に使います。

他の誰でもない。「君」のおかげだ、と。このひとことが、妻の承認の欲求を満足させ「ああ、やってあげてよかったわ。また次もやってあげたい」という気持ちを起こさせるわけです。

「君のおかげで、家の中がいつもきれいに片付いている。ありがとう」

「君のおかげで、僕は毎日元気でバリバリ働ける。どうもありがとう」

こんな具合に、家庭を支えているのは君だよ、感謝してるんだよ、という気持ちをこめて、どんどん使いましょう。

奥さんの働きが倍になることは、間違いありません。

♥記念日にはプレゼントを

女性の承認の欲求を満たしてあげるものとして、もうひとつ有効なのが、プレゼントです。日頃から、何か機会あるごとに、相手の好きなものを買ってきてあげるのです。わざわざ自分のために買ってきてくれたんだということが、形としてハッキリわかりますから、これは効

親しき中にも感謝あり。これで妻は上機嫌！

果ありますよ。

その場合、注意しなければならないのが、最初から高いものをあげないことです。結婚していないときには、特にそうですね。

なぜかというと、人間というのは、最初に高いものをもらって、次にそれより安いものになったら、自分への評価が下がったと思うんですね。相手が恋人だったら、自分への気持ちが、冷めてしまったんじゃないかと必ず疑われます。

つまり、最初に高いのをあげてしまうと、そのあともずっと高いものをあげ続けなくちゃいけないハメに陥ってしまうのです。

ですから、最初は花とか食べ物とか、あたりさわりのないものからスタートした方が無難でしょう。うちの家内なんか、ソフトクリームと回転焼き（今川焼き）で喜んでくれますから、安上がりで助かります。

もっとプレゼントらしいものを、というなら、ハンカチとかブローチとかから始めて、親しくなったら、ネックレスなどもいいでしょう。

これは未婚の人へのアドバイスですが、最初は肌に触れないものから始めた方が良いでしょう。やっぱり、あまり親しくない人からのプレゼントが、ネックレスなどのように肌に直接触れるものだと、身につけにくいからです。

さて、夫婦なら日頃はソフトクリームでよくても、たまに奮発しなければならないこともあるでしょう。そんなとき、

「これ、高かったけど買って来たんだぞ」

なんて言ったらダメです。

これでは物を誉めているんであって、相手を認めているのではありません。

「これは君に似合うと思って買ってきたんだ」

あくまで、こう言わなくては意味がないのです。

そうすると、そのプレゼントが、だんぜん彼女の承認の欲求を満たす効果を発揮するのです。

もうひとつ、彼女を喜ばせるのに効果的な方法としてプレゼントの理由を勝手に作ってしまうんです。

一時期、俵万智さんの『サラダ記念日』をもじって、○○記念日というのがやたらはやりましたが、あれを応用するんです。

結婚記念日はもちろんですが、出会いの記念日、ケンカ記念日、プロポーズ記念日、もう何でもいいんです。とにかく、二人にとっての思い出のできごとがあった日に、いきなりケーキ

か何か買って来るんです。

奥さんは、「いったい何だったかしら?」と不思議に思うでしょう。そこで「君に初めて好きだと告白した日だよ」と言えば、アッと驚いて、

「そんなことまで覚えていてくれたの」

と大喜びするでしょう。

これは、記念日のネタが小さなものであればあるほど効果があります。小さなことだけれど、でも、二人にとって思い出深いできごとというのがいいですね。誰も知らない二人だけの世界を大切にしてくれているというのが、女性にとって何より嬉しいのです。

♥私が二十一年目にした妻へのプレゼント

私達も結婚生活二十一年目を迎えました。

そこで私は、過去最高に妻を喜ばせるプレゼントを思いつきました。

それは、それまでの人生で音楽の「お」の字もなかった私が、ナント、作詞をして曲を贈ろうというのです。作曲は、私のコスモメイトの先輩であり、たくさんのベストセラー著作を持つ作曲家としても有名な西谷泰人先生がしてくださいました。

幸せに　するからね

作詞　新田義治　　作曲　西谷泰人

1．愛しているって言えなくて　　悲しい想い
　　させたけれど　今からは　　誰より大切に
　　　　幸せにするからね　　僕を信じてほしいのさ
　　　　幸せにするからね　　君を愛してる
2．腕を組もうと言えなくて　　寂しい想い
　　させたけれど　これからは　　誰より大切に
　　　　幸せにするからね　　夢を信じてほしいのさ
　　　　幸せにするからね　　君を愛してる

間　奏

　　　　幸せにするからね　　僕を信じてほしいのさ
　　　　幸せにするからね　　君を愛してる
3．二人で生きると言えなくて　　切ない想い
　　させたけれど　今日からは　　誰より大切に
　　　　幸せにするからね　　夢を信じてほしいのさ
　　　　幸せにするからね　　君を愛してる
　　　　幸せにするからね　　僕を信じてほしいのさ
　　　　幸せにするからね　　君を愛してる

ちゃんと『カプチーノ』という深見先生や西谷先生の音楽グループによってレコーディングも済ませ、歌手の大元ゆみちゃんが歌ってくれています。(カプチーノは『ときめきのダーリン』というヒットアルバムを出しています。——書店で好評発売中)

妻の喜びようは大変なものでした。喜んだというより半分は驚いたといった方が正しいかも知れません。でも、私の本心をありのままに書いた詞に目をうるませて聞いていました……。

恋人のプレゼントに最適な曲です。結婚式でも流せます。

この曲をコスモメイトのセミナーや私のミニセミナーの折にかけたりしていますし、近々『カプチーノ』のアルバム第二弾『恋は周遊券』に入れて11月に発売しますので、是非、一度聞いてみてくださいね。

♥「妻より仕事」は嫌われるナンバーワン

尽くしてくれない妻に文句を言う気持ちもわかりますが、ちょっと視点を変えて、奥さんの言い分も聞いてみたいと思います。きっと奥さんも、夫のこういうところが気に入らないから、尽くす気になれないのよ、と言いたいに違いありません。

では、妻が尽くす気になれない夫、ベストスリーの発表です。これは即ち、妻を思いどおりに操れない夫のタイプでもあります。

第一位、妻より仕事というタイプ。

「私と仕事とどっちが大事なの？」

仕事が忙しくなると、必ず奥さんに言われるひとことです。

「仕事にきまってるじゃないか」

こう言ってしまったらおしまいです。

男には、確かに家庭をかえりみる暇のないくらい仕事に心を奪われることがあります。そういうときは、本当に奥さんよりも仕事と言いたくもなるのですが、本当に言ってしまうのは愛念に欠けます。

じつは男も困ります。妻と仕事が同じ計りに乗るわけはありません。比べようったって、比べられるものじゃないんです。それぞれ自分にとって、違う意味で大切なものなのですから。そういうときはだいたい、「両方とも大事だよ」と言うんですが、これで納得する女性はありいません。

「それでも差をつけたら、どっち？」

なんて言ってきますからね。もう苦笑するしかありません。バカだな、と思いつつ、でも可愛いなと思ったりもします。

もう、ここは腹をくるしかありません。

「君がいちばんに決まってるじゃないか」

こう言うしかないんです。

「ホント？」

ときたら、

「仕事は変えることができるけど、君は変えることができないじゃないか」

これくらいは言いましょう。

腹の中で、オレもアホらしいこと言ってるな、と思っていてもいいのです。大切なのは相手を喜ばせることなのですから。

私の場合も、私が仕事以外の時間は神様事にばかり熱心だったものですから、

「私と神様とどっちが大事なの」

と、家内にときどき詰め寄られました。

以前は「神様だよ」としか答えられなかったのですが、今では「もちろん家にいて料理を作ってくれるかみさんが大事にきまっている」と言っています。これ、シャレのつもりなんです。

妻を動かす法―本音はどうでも妻第一主義

本当かな、と家内も半信半疑だと思いますが、でも、ニコッとしてくれます。たとえ言葉の上だけでも、私が彼女を神様より優先させてくれたということで、一応、私の愛念を感じ取ってくれているんじゃないかと思います。

妻は夫に、自分が他の何よりも大切だと言ってほしいのです。その願望をかなえてあげましょう。男にとってはくだらないと思っても、女性にとっては心の充足感を得るために必要なこともあるのです。相手のそういう部分を大切にしてあげることも思いやりです。

考えてもみてください。奥さんの気嫌ひとつで、お茶の入れ具合も変わるんです。「君がいちばん大切だよ」のひとことで、奥さんが今まで以上のサービスをしてくれるんなら、安いものです。

相手を大切にすれば、自分も大切にしてもらえるという法則をお忘れなく。

♥感謝なくして妻をこき使うことなかれ

尽くしたくない夫の第二位。

妻を召使いだと思う夫。

永久就職という言葉がありますね。嫁いだということは、その家の家事をやるのが仕事なわけです。

だからといって、家政婦を一人雇っているつもりになってはいませんか。

「飯。フロ。寝るぞ」

この三つの言葉だけでこき使われたんじゃ奥さんだってたまりません。生活費を家に入れてるんだからいいだろう、と男性は言うかもしれませんが、それではあまりにも即物的な人間関係でしかありません。

仕事だってそうでしょう。給料を払ってるんだから、文句を言わずに下働きをしろ、というんじゃ、誰だってやる気がしません。

「君は我社のために頑張ってくれてるなあ。ありがとう。これからも頼むぞ」

上司からこう言われれば、与えられた以上の仕事を、自分からバリバリやろうと思うものです。

あるいは、

「君は新しいアイデアを出すのがうまいな。その方向でもっと力を出してみないか」

と言われれば、よし、自分はもっと企画力を磨いて、将来企画部長になってやるぞ、という夢もわいてきて、ますます仕事に力が入ります。

主婦も同じです。家事をやり、夫に尽くすのが仕事なら、その仕事をちゃんと評価してもらえなければ、やる気なんて起こるわけがありません。

「おっ、今日は床がピカピカ光ってるな。いつもより掃除に力が入ってたみたいだな」

こう言えば、奥さんはニッコリ笑って、さあ、次はおいしい料理を作ろうかな、と思うでしょう。それで、ちょっとでもおいしい料理があったら、

「おっ、このミソ汁はひと味違うな」

と言うんです。そうすれば、奥さんも次はフロ上がりに肩でももんであげようかと考えてくれるかもしれません。

その基本にあるのは、やっぱり感謝の心です。

「いつも家のことをうまくやってくれてありがとう。おかげでオレは安心して働けるよ」

これが言えるかどうかなんです。

何言ってんだ、こっちだって女房子供を食わせるために外で働いてんだから、ありがとうと言ってもらうのはこっちの方だ。

そう思う方もいるでしょうが、いつまでもそうやって張り合っていては、夫婦の関係なんて良くなるわけがありません。ひとつ、男の度量を見せて、相手が自分にやってくれたことに対

して、まず先にありがとうと言うんです。

そうすれば絶対に、奥さんの方にも変化は現れてきます。表向きは同じでも、ミソ汁の具がひとつ増えるとか、しばらく出なかったご主人の好物が、突然食卓に出るとか、そういうささやかな反応は必ずあるものです。

それをうまく育てていけばいいのです。

最近は共働きの家庭が多くなりました。家事を分担している夫婦も増えているようです。これは、二人で力を合わせて生活する意識が高まったからかもしれません。

でも、家ではすべての家事を奥さんに押しつけて、男はテレビでも観ているというカップルも多いようです。そういう家庭こそ、ご主人の感謝の気持ちが特に大切になってきます。最初は申し訳ないという気持ちが、チラリと心をかすめていたとしても、時が経つうちに、いつの間にかそれが当たり前となってしまいます。奥さんの方は、「私ばっかり」と不満を持つことでしょう。

こういうとき、たまには家事を手伝いましょう。たとえ手伝う気はなくても、せめて「忙しいのにごめんね。僕も手伝えるといいんだけど」ぐらいは言えばいいんです。それを言ってあげれば、奥さんの気持ちも少しは違います。

もし、真に受けて「じゃあ、お願い」と仕事を押しつけられてしまったら、そのときは観念するしかないですが。

夫が示してくれる感謝の気持ち。とにかく、これがあるのとないのでは、奥さんの労働意欲が全然違うということです。

♥夫婦でいっしょに楽しむ時間を作る

妻をかえりみない夫。

これが、尽くしたくない夫の第三位です。

妻をかえりみないとはどういうことかと言うと、自分の好きなことばかりやって、夫婦で何かをいっしょに楽しもうとしないという意味です。

いつも飲み歩いて帰りが遅い。たまに早く帰れば、一人で寝転がってテレビにかじりつく。日曜は家族を残して朝からゴルフ。

楽しいのは自分ばかりで、奥さんはいつも置き去り。夫婦でいっしょに何かを楽しむ時間がないのです。これでは女性の不満がたまってきます。

妻が夫に望むことというのがあるんです。

ひとつは、おしゃべりの相手をしてくれること。ふたつ目は外でいっしょに食事をすること。みっつ目は、夫婦の記念日にプレゼントが欲しいということです。

考えてみれば、恋人として付き合っていた頃には、いつもあたりまえにやっていたことばかりです。ところが男性の場合、リードする側ですから、ゴールインするまでは、なんだかんだと必死にサービスをするのですが、相手をものにしてしまうと、安心してすぐに手を抜く傾向があります。

女性は常に、恋人関係でいたいわけですから、結婚して夫婦生活を営んでも、どこかにデートの要素がなくては満足できません。つまり、先に書いた、釣った魚にエサを与える必要が、ここでも大切になってくるわけです。

おしゃべりの相手をしてほしいというのが、いちばん簡単なようですが、じつはこれがいちばん大変だったりします。

男性は仕事をしながら、なんだかんだと神経を使っています。ですから、家に帰ってきてからは、神経を休めようとして、会話をするのが億劫になります。

それに、職場の話をあまりうちでしたくないという気持ちもあって、今日あれしたこれしたとは、あまり進んでしゃべろうとしません。

ところが、妻にとっては、夫が帰ってきてからが本番です。その日あったことを、ああだこうだとおしゃべりせずにはいられません。

こういうときは、とにかく聞いてればいいんです。いちいちまともに受け答えしなくてもかまいません。

「ああ、なるほど、ふーん」

と、相槌を打っておけばいいんです。

会話が弾んで楽しくおしゃべりできるんならその方がいいんですが、面倒臭くても、とにかく聞いてあげること。聞いてくれさえすれば、相手は満足するわけですから。

ただし、深刻な相談をしているときに、そっけない相槌をしたり面倒臭そうに返事をしていては、大ゲンカになること間違いありません。相手の雰囲気を見極めてからにしましょう。

もう一度おさらいしますと、妻が夫に望むことは、

一、おしゃべりの相手をしてほしい
二、外でいっしょに食事をする
三、夫婦の記念日にプレゼントが欲しい

の三つです。

妻が夫に望む3カ条をマスター

つまり、一日に一度は話相手になり、一ヶ月に一度は食事に連れ出し、一年に一度は改まったプレゼントをする。最低限、これくらいは心掛けておかないと、奥さんに見離されるということです。

♥おいしい料理を作らせる方法

結婚生活の重要な部分を占めるものに、妻の作る料理というものがあるんじゃないでしょうか。

たとえ明るくて優しい奥さんだったとしても、作る料理がまずいとなると、家に帰る楽しみが半減します。逆に、家庭の夕食が外で食べるよりおいしいとなれば、酒の誘いや麻雀の誘いを断わるのに充分な力を発揮することになります。

私が家内との結婚を決めた理由のひとつが料理でした。学生の頃、私は下宿生活をしていたので、食事がどうしても貧相になってしまうんです。おいしい料理屋に行くお金もありませんでしたから。

そんなとき付き合い始めた家内が、せっせと弁当を作って、下宿に持って来てくれたのです。当時は、手料理を食べられるというそれだけで、嬉しくてたまらないわけです。その上に、なかなかおいしいんです。

で、結婚すれば、こうやって毎日おいしい手料理を作って食べさせてもらえるんだな、と思っているうちにどんどん彼女にひかれていったという次第です。

料理というのは、そこに作る人の愛情が入ります。食べてみておいしければ、ああ、この人は自分のためにおいしいものを食べさせようと努力してくれたんだな、と思うわけです。

逆に、「おいしくないけど、愛情が入ってるから我慢して」と言われたらどうでしょう。愛情があるなら、どうしておいしく作る努力をしてくれないんだ、と言いたくなりますね。

妻が夫の言葉に自分への愛情を求めるように、夫は妻の料理に愛情を見出そうとするわけです。自分の好物がちょっとおかずに入っていたりすると、それだけで嬉しくなるものなのですから。

さて、妻の料理がイマイチだと思う人は、なんとかうまい料理を作ってもらう作戦をたてなければなりません。料理の本を買って来てポンと目の前に置いたり、「料理講座にでも通ったらどうか」なんて言ったら、たちまちケンカになることは目に見えています。

では、どうしたらいいか。

まず、おいしい料理屋に連れていくことです。それも何度も何度も連れていって、味覚をそこの味に慣らしてしまうんです。舌が肥えてくると、自分でも次第にまずいものが作れなくなります。

そうしたら、「ここの味を盗んで、家でも同じものを作ってみようよ」と提案するのです。奥さんにとっても、もはやなじみの味になってしまってるわけですから、比較的素直にそのプランに乗るはずです。そして、一生懸命研究してくれるようになったら、しめたものです。

一流の店で学ぶべきことは、味だけではありません。どうしたら、よい気分でお客さんに食事を楽しんでもらえるかという、細やかな気配りや工夫が随所に凝らされているのです。それを見習うことによって、家庭でも応用できるサービスのセンスを身につけることができます。

京都の嵐山に吉兆という料亭があります。コースによっては一人前数万円くらいするところなんですが、たまたま招待されてそこへ行ったときに、デザートにいちごが出たんです。へたのついたままのいちごです。

普通、へたは噛み切らないと取れないでしょう。でも、そこのは実を口に含むと、自然にポロリと取れるんです。

よく見ると、皮一枚残して隠し包丁が入っているんですね。こんなところにまでさすが吉兆と思わせるだけの、心憎い気配りです。

これには感心しまして、帰って家内にそのことを話しました。すると、その日の夕食にいちごが出まして、早速、隠し包丁が入ってるんです。

「おっ、やってくれるね」

と、思わず私も言いましたよ。家内は嬉しそうでした。

最近はプチトマトにも隠し包丁を入れて、出してくれます。とても食べやすくなるんです。

こうやって、ちょっとしたプロのテクニックを真似するだけで、食卓が豊かになります。それに家内も、言ったらすぐにやってくれるところが嬉しいじゃありませんか。食事が楽しくなることで、ますます夫婦仲も円満になる、というわけです。

それから、ここでもやっぱり同じなんですが、奥さんにおいしい料理を作ってもらおうと思ったら、まず感謝すること。早く作れ、だのまずいだのと言うんじゃなくて、「いつも食事を作ってくれてありがとう」と言うことです。そして、ひとつでもおいしいものがあったら、「おいしいね」と誉めてあげる。

とにかく、料理を作ることが、奥さんにとって楽しいことになってもらわなければならないのです。

そしてもうひとつは、出されたものを残さず全部食べること。いくら口でおいしいおいしいと言っても、半分くらい残してしまったんじゃ恰好つかないでしょ。だから必ず全部食べる。これは夫の義務と言ってもいいんじゃないでしょうか。

食が細くていっぱい食べられない人には、コツがあるんです。

私なんかもそうなんですが、茶碗にたくさんご飯を盛られると、それだけで胸がいっぱいになって、もう食べられないんです。家内は私に元気をつけさせようと思って、山盛りによそうんでしょうけど、それがプレッシャーになるんです。こういう男性は意外と多いと思います。

そのとき私は、小分けしてほしいと頼んだのです。ご飯もおかずも、小さな器にちょこちょこと分けて出す。そうすると、ちょこちょこ食べているうちに、結果的にたくさん食べているんです。

料亭なんかでもそうですね。ひとつひとつの鉢は小さいけれど、それを気軽に食べているうちに、いつのまにか全部たいらげてしまいます。お客さんに精神的プレッシャーを与えずに、どんどん食べさせていくための知恵ですね、あれは。

「せっかく用意したのに主人が食べてくれなくて困る」という悩み相談を、ある主婦から受けたときに、料理を器に小さく分けて出すように助言をしたところ、ご主人が全部食べるようになったと感謝されました。ぱくっと口に入れたらおしまいというくらいにしとくんです。

料理を上達させる法—たまに一流の料亭へ連れて行く

すると、もうちょっと食べたいなと思いますから、次の鉢にも手が出ます。そうやって、トータルでたくさん食べてもらうようにすればいいのです。

夫を手玉に取る方法

♥男の社会的承認の欲求を満足させる

いままでは男性の立場からの話でしたが、読みながら「勝手なことばかり言ってるわ」とあきれている女性も多いことでしょう。

では、おまちかね。次はいよいよ女性が男性を手玉に取るための秘伝の紹介です。

妻が夫に望むことといったら、自分を大切にしてくれた上で、なおかつバリバリと働き、稼ぎを増やしてくれることでしょう。そのためには、夫をそういう気分にさせるように、うまく操縦しなければなりません。

ポイントはふたつ。

① **安心の気を出す妻になる。**

② **昼も夜も夫を立てる。**

これでバッチリ、ご主人はあなたの思うままに働き、なおかつあなたを愛してくれます。

その具体的なやり方に入る前に、なぜこれが効くのかということを知っておかなければなりません。そのためには、男とはどういう性質の生き物かということを理解しておきましょう。女性は承認の欲求が強いということを前にお話ししました。じゃあ、男性はどうかというと、社会的承認の欲求が強いのです。

これは、不特定の多くの人から認められたり尊敬されたりしたい、という欲求のことです。女性が個人として認められたいと思うのに対し、男性は自分の社会的な地位を認めてもらいたいと思うのです。そして、認められると、ものすごい力を発揮するようになります。

早い話が、人に威張れる立場に立ちたいということです。男というのは、本質的に威張りたがりなのです。

したがって、女性の立場からすると、社会的承認の欲求を満足させてあげればいいということになります。つまり、威張りたがってるんだから、うまく威張らせてあげればいいのです。

「あら偉いわねえ」と持ち上げておいて、相手がいい気になったところをうまく使う。これです。

ところが、実際には逆のパターンが多いんです。

「あんたって稼ぎは悪いし甲斐性はないし、たまにうちにいりゃゴロゴロしてるばっかりで、粗大ゴミみたいなもんじゃない」

とかなんとか、奥さんの方がぶつくさぶつくさ文句を並べ立て、ご主人はムッとしてひっくり返ってしまう。心当たりがあるでしょう。

これをやられると、男性はプライドがボロボロになって、ますます力を出せなくなってしまうんです。

男性がなぜ、外におめかけさんを作るのかというと、自分を持ち上げてくれる相手が欲しいからです。飲み屋に行けば、そこの女の子は、「あら待ってたのよ」と、自分を大事にしてくれます。男性は、自分が立派になったような気がするんですね。だから、そういうところに行くわけです。

現在は、男女平等が盛んに言われています。確かに男と女でどっちが偉いということはありませんし、より神に近いという意味から言うと、女性の方が断然上です。

しかし、実際の生活の中でうまく調和を取ろうと思ったら、性質の違いから言っても、女性がうまく男性を立てた方が、スムーズにいくのです。男性はうまく威張らせておく。女性はそれにうまく甘える。そうすることが最もバランスの取りやすい男女関係なのです。

男は自分をほめてくれる女性の所へ行く

♥安心の気を生む〝言霊安らぎ秘法〟

夫を手玉に取る最初のポイント、「安心の気を出す妻になる」方法に入っていきましょう。

まず、安心の気とはなにか。

これはつまり、夫が家に帰るとほっとする、そんな空気のことです。

実際には、家に帰るまで五、六回深呼吸を行い、意を決してから自宅の玄関を開けるという夫が非常に多いようですね。どうせまたグチを聞かされるから、なるべく奥さんの顔を見たくないと思うんだそうです。

だから、会社でなるべく遅くまで仕事を作ったり、家に帰るよりましだからというんで飲みたくもない酒に付き合ったりする。自宅はもう、ほとんどホテル代りですね。

夫がこんな状態で、家庭が豊かになるわけがありません。男も情無いですが、やはり夫に早く家に帰ろうという気を起こさせるような、安心の気を発していない奥さんにも問題があります。

安心の気というのは安らぎのことです。そこに安らぎの空間があるからこそ、外に出て行った家族がまた家に帰ってくるわけです。家族がひとつのまとまりを保つための、求心力として働くのが、安らぎ、即ち安心の気です。

そして、安らぎを生み出す要となっているのが、妻であり母親なのです。ほっとさせる妻であること。これが、夫を手玉に取るための基本です。

さて、安心の気を生むためには、安らぎの言霊が宿った言葉を使うのが効果的です。名付けて、〝言霊安らぎ秘法〟の公開です。

最初は、夫が何か言ったときに、フワッと受け止めてあげる秘技です。そうすると、男はほっとするのです。

これを言ったら、また女房の頭に角が生えるかな、と夫が思っていたとすると、それはもう安心の気が働いていないことになります。

夫の言うことをフワッと受け止めてあげるには、「はい」という言葉を使うことです。

たとえば、「お茶入れて」と言われたら、「はい」と受けるんです。とにかくまず、受けること。実際に入れるか入れないかは、そのあとの問題になります。

とりあえず、あなたがお茶を入れてほしいと言ったことは確かに聞きましたよ、という意味で、「はい」と受けたらいいんです。

そうすると夫は、「おお、なんと女性らしい返事だろう。オレを大事にしてくれる素晴らしい妻ではないか」と、勝手に喜ぶんですね。

そして、もし忙しくて手が離せなかったら、「すぐ入れてあげたいんですけど、ちょっと今手が離せないので、ちょっと待ってくださいね」

こう言えば、ニコニコして待ってるか、「忙しいならいいよ」と言って自分で入れるかしてくれます。波風立たずにすべてうまく収まるのです。

これを、「はい」と返事をしないですぐに「今忙しいんだから、自分で入れて」と言ってしまうと、だいたい夫が不気嫌になります。というのは、お茶が飲みたいのももちろんなんですが、ご主人は奥さんに入れてもらいたいわけです。

ですから、「はい」と受けてもらえれば、「ああ、入れてくれる気はあるんだな」ということで安心します。それがわかった上で、奥さんが今すぐ入れられないというなら、べつに自分で入れたっていいわけです。

夫の言ったことを、カキンとストレートに打ち返さないで、まずフワッと受け止める。それからあらためて投げ返す。この呼吸をつかんでいれば、夫のわがままをうまくコントロールすることができるのです。

その逆にいけないのが、「だって」という言葉です。

「だって忙しいんですもの」

こう言い返すのは反発なのです。ご主人の投げかけたものを、何ひとつ受け入れず、「入れて」「入れない」という即物的な反発になってしまっています。

これではご主人だって、「なんだ、甲斐甲斐しさのない女だな」となってしまうのです。

人間は内容ではなしに、自分の言ったことを相手が受け止めてくれたかどうかというのが、非常に大きな心の安心につながります。だから、何を言われても、まず一応は受け止める。いきなり否定しないというのが大切です。

そのスタンスを「はい」という返事で表現するわけです。

また、この「はい」という言葉はとてもきれいな響きを持っていますから、会話がとても上品になります。うまく「はい」を使いこなすことによって、その女性がとても美しく見えたりもするのです。

おおらかな気持ちで、「はい」という言葉を上手に使いこなし、ご主人に「いい女だなあ」と思わせてあげてください。「いい女」が喜んでくれるのなら男は何でも言うことをきくものですから。

妻はまず、「はい」と言えば夫に愛される

♥「わたくし」が家庭の空気を変える

安心の気を生み出す言霊を、もうひとつ紹介しましょう。

それは、「わたくし」です。

なぜ、これが安心の気を生み出すのか。それは、「わたくし」という言葉には、そのあとに続く言葉を上品なものに変えてしまう力があるからです。

芦屋雁之助さんが、「わてが雁之助だす」と言いますね。あれを、「わたくし」に変えるとどうなるでしょう。

「わたくしが雁之助だす」とは、言いにくいですね。「わたくしが雁之助でございます」と、自然に言葉が変化してしまいます。

雁之助さんの芸風の面白さは失われてしまいましたが、その代りきわめて品の良い言葉の響きが生まれました。これで、場の空気が一瞬に、しっとりとしたものに変化してしまいます。

「わたくしが雁之助でございます」

こう言われると、

「これはどうも、ごていねいに」

と、こちらもつい、深々と腰を折らずにはいられません。とても上品で落ち着いたやりとりが、これから始まりそうな気がします。

家庭の中があまり固苦しいのも困りますが、やはりある程度、品の良さを保つことは大切です。その品の良さを生み出すのが、会話の中の言葉遣いなのです。

特に、子供の成長に、家庭の言葉遣いは大きな影響を及ぼします。子供は親の言葉遣いを、そのまま真似しますから——。

小学校の家庭訪問で、よく子供が、

「先生が来た」

と言うんです。

「きた、北はこちらかな」

私はそうやって、やんわりたしなめるんですけども、奥の方から「あら来たの」という親の声が聞こえたりします。子供が「来た」と言うのは、親の使っている言葉の真似なのです。

親が日頃から、「先生はいつ家庭訪問にいらっしゃるの」という言葉遣いをしていれば、子供も「来た」は言いません。

「先生がいらっしゃった」と言うはずです。

こういうところから、家庭の雰囲気ができ上がってくるのです。

最近、女性の言葉、特に中・高校生の言葉の乱れには目を覆いたくなるものがあります。自分のことを「オレ」、人に対して「うっせーな」といった具合に、目をつむっていると男だか女だかわかりません。

それも、そのあたりにいる、普通の可愛らしい女の子が、こんな言葉をつかっているのです。テレビやマンガの悪影響も確かにあるでしょう。しかし、それ以前に、生まれたときから耳にしている母親の言葉遣いが、子供の言語感覚の下地になっているのです。母親がていねいな言葉を使っていれば、やはり娘も自然とていねいな言葉で話すはずです。

話を夫婦間のことに戻しますと、できれば夫婦の間でも、女性は「わたくし」という言葉を使うのが望ましいと思います。急に変えるのが難しい方は、せめてお客さんをもてなすときとか、大切な用件で電話をかけるときとかに、意識して「わたくし」を使いましょう。そうすれば家の中にしっとりとした空気が流れてくるのです。

ざらついた荒い空気の家庭よりは、しっとりとした空気の家庭の方が、家族だって居心地がいいはずです。

ご主人に、「女房といっしょに家にいると落ち着く」と思わせることが大切なのです。

それからついでに言うと、女性の話し方は少しゆっくりめの方が良いと思います。

「ねえ、あなた、聞いて聞いて！」

と、早口でまくしたてる人がいますが、疲れて帰って来たときなどは、けっこう男にとってうっとうしいものです。一生懸命に話しているのはわかるんですが、その早口の勢いで嫌になってしまうんですね。

ですから、自分が早口だなと思われる方は、意識してゆっくり話すようにすると良いでしょう。それだけでかなり、安心の気を生み出すことができるものです。

♥妻から先に声をかけて夫を立てる

さて、夫を手玉に取る方法の第二のポイントに移りたいと思います。

〝妻は昼も夜も夫を立てる〟

これが極意です。

意味が深いですね。大人の話になってまいりました。私はこの言葉を、よく教え子の結婚式のスピーチで使うんですが、以前は「あの人エッチね。何を教えてたの」と花嫁にヒンシュクを買ったりもしましたが、最近はなぜか喜ばれます。

まず、昼に夫を立てる方からいきましょう。

夫の立て方にもいろいろありますけれど、基本となるのは、自分から先にご主人に声を掛けるようにするということ。

まず朝いちばん、「おはようございます」と元気よく、自分からご主人に挨拶するんです。武道でよく機先を制すと言いますが、起き抜けの最初に、奥さんの明るい挨拶が耳に飛びこんで来れば、ご主人はすっかり奥さんのペースにはまってしまいます。

ボオッとした顔で歯でも磨きながら、なんだかわからないけど、なんとなく気分のいい朝だなあと思うこと間違いありません。朝ごはんもモリモリ食べて、出掛けに「チュッ」なんてやって、意気揚々と仕事に出掛けていくことでしょう。

ところが、こんなパターンもあります。

夫が起きてきたのに気づかない。後ろから「オハヨウ」と言われて、「あら」となり、言った言葉が「早く顔洗ってよ」。

これでは夫も、ヒゲをそりながら、なんとなく目覚めのよくない朝だなあと思い、食欲ないから朝飯いらないなんて言って、フラフラした足取りで仕事に出掛けるしかありません。朝起きて「おはよう」とも言ってもらえず、最初の言葉が「顔洗ってよ」では、起きぬけにKOパンチを食らったようなものです。

これでは、夫を立てるどころか、逆にダウンさせているのと同じです。しっかり稼いでねと言ったって、これでは満足な仕事もできないでしょう。

まず、妻の方から、朝いちばんの明るい言霊を夫に浴びせること。それによって、気分の高揚感がまるで変わってきます。「よーし、調子いいぞ」と本人は張り切っていますが、それはすでに妻のペースに乗せられているのです。

これがまさに、夫を手玉に取るということでしょう。

ただし、ここまでは誰でもできること。では、夫婦ゲンカの翌朝に、同じことができるでしょうか。

ケンカしたまま寝るときというのは、だいたいひとことも口をききません。翌朝になっても、その気分を引きずっているものです。

そのときに、いつもと同じように「おはようございます」と言えるかどうか。

はっきり言って、大変です。かなり勇気を必要とします。でも、これをあえてやるわけです。

そのとき「昨日はごめんなさい」とまで言えれば最高です。一日はもう、完全にあなたのペースで進んでいくに違いありません。いくらご主人の方が「いやあ、オレも気にしてないよ」

妻が先に謝ってしまう―夫は上機嫌

と言ったところで、それはすでにあなたの手のひらの上で踊らされているのと同じなのです。

それできっと会社なんかでは同僚に、

「いやあ、うちのやつとケンカしたんだけどね、朝になったら向こうから謝ってくるんだから可愛いもんだよ。やっぱりオレにホレてるんだな」

なんて、鼻の下を伸ばしながらノロケたりするんでしょうから、幸せなものです。

基本をわかっていただけましたか。つまり男のこういう性質をうまくくすぐってあげることで、夫を手玉に取れるようになるのです。

ただし、それにはやっぱり自分自身のおおらかさと、強い意志の力が必要とされます。「なんで私から愛想振りまかなきゃならないのよ」と思ってるようでは、うまくいきません。

この難しさを乗り越えるためのエネルギーとなってくれるのは、やはり夫への愛念なのです。

♥愛を支えるキーワード「ありがとう」

ありがとうという言葉がありますね。

これはもともと「有り難し」と書きます。普通では考えられないようなことがあった、ああ嬉しいという意味ですね。それが感謝の言葉に転じたわけです。

考えてみますと、結婚というのも不思議なもので、この広い世界の中から、ただ一人だけの人と縁が結ばれ、ひとつ屋根の下で暮らすようになるのです。つまり、結婚それ自体が「有り難し」ことであり、なおかつ自分との縁で結ばれた相手の存在もまた、「有り難し」ことと思えてなりません。

「有り難し」相手が、なんでよりによってこんなのだったんだ、と嘆きたい人もいるでしょうが、仕方ありません。いくら、あのときあの人とうまくいっていれば、と思ったとしても、結局、今の人としか縁がなかったということなのです。相手をなじったところで、所詮、同じレベルの御魂同志でしか結ばれないのですから。

したがって、今の相手こそ、他に取り換えようのない、「有り難し」存在だったわけです。その相手に対して、「ありがとう」という言葉を、心から言うことが大切ではないかと思います。

そんなふうに難しく考えなくても、折に触れ、感謝の言葉を掛けるのは大切です。

最近は給料も振り込み式になっていて、昔のように持って帰った給料袋を神棚や仏壇にお供えすることもなくなりました。それだけに、夫が額に汗して稼いだ報酬が給料だという実感も薄れているはずです。

しかし、やっぱり毎月の給料の振込み日には、「今月もお給料がいただけますね。ありがとうございます」

と、ご主人にきちんとお礼を言うべきでしょう。

夫婦は、個人と個人の関係の中で、最も親しい間柄ですが、もともとは赤の他人でしかありません。その赤の他人が縁あって結ばれ、親子よりも長い時間をいっしょに暮らしていくわけです。

強いけれどももろいその関係を支えていくものが愛であり、その愛を支えていくのが、感謝のキーワードなのです。

最も親しい間柄の相手に、いつもきちんと「ありがとうございます」と言えるということ。それが愛念であり、誠実さであると思います。

♥確認の言葉で無用のトラブルを避ける

もうひとつ大切なのは、節目節目に掛ける言葉です。これをおろそかにすると、次のような失敗を犯します。

ご主人が「お茶をくれ」と言ったとしますね。あなたはお茶を入れ、黙ってテーブルに置きます。でも、ご主人は新聞を読んでいて気づかない。

しばらくして、「おい、お茶は?」とご主人。あなたはシラッとして、「さっき出したでしょ」

「お前、黙って出さないで、ひとことくらい何か言えよ」

これでまたケンカです。せっかくちゃんとお茶を入れてるのに、ひとこと添える言葉がなかったために、すべてが台無しになるパターンです。

こんなとき、「はい、お待たせしました」と言って出せばいいんです。それで「なんだと?」と文句を言ってくる人は、いくらなんでもいません。

たった、それだけのことなんです。別の例を出すと、おフロに先に入るときは「お先に」と言えばいいんです。何か用意するものがあるんだったら、「ここにそろってますからね」と言ってあげる。それだけで相手は気分がいいんですから。

夫婦だから黙っていても通じるだろうというのは間違いです。恋人同志は、目と目を見つめ合えば、言葉がなくてもわかり合えるというのもウソでしかありません。

そんなにうまくはいきません。私の人生の師でもある、神霊家の深見先生ならともかく、私たち凡人には、そこまでの超能力はないのです。

ですから、私たちの場合は、お互いに言葉を使ってコミュニケーションをうまく取らなければ

お茶
お入れしました…♡

ばなりません。それでもうまく伝わらないときだってあるんですから、なるべく丁寧に、相手とのコミュニケーションをはかる必要があります。

「きっとわかってるはずだ」というのはやめること。こっちが伝えたつもりになっていることを、相手がちゃんと受け取っているかどうかを、節目節目で確かめる気持ちが大切です。

そうすれば、無用なトラブルの半分は避けることができ、夫にも「気配りのできた女だな」と信頼してもらえます。そこに安心の気が生じるわけです。

♥結論を男性にゆだねてメンツを立てる

強い女房というのがいます。

生命力というのか、元気さというか、存在そのものが夫を圧倒している女性はいます。これは男にとってはかなり辛いものがあります。妻といっしょにいるのは生命力を傷つけられているようなものなのですから。

彼女が「あなた、おフロに入って」と言ったとします。彼女にしてみれば、どうぞお入りくださいというつもりで言ってるにすぎません。

ところが、エネルギーが強いものですから、男性の方は「早く入ってよ、このグズ!」と言われたように受け取ってしまうのです。気迫で圧倒されているから、おそらくこの男性は、奥さんに何か言われるたびに、ドキッとして寿命を縮めているはずです。

これが高じますと、仕事が忙しいとか、つき合いがあるからとか言って、夫が家によりつかなくなってしまいます。そのうち愛人を作ったりすることにもなりかねません。

あんなに美しい奥さんなのに、なんで亭主が浮気なんかしたんだろう、と首を傾げるようなケースがありますが、理由は簡単です。奥方のエネルギーが強すぎるので家庭では安心した気分になれない夫が、自分よりエネルギーの弱い、自分にとって安らぎになる女性を求めていただけなのです。

こういうのは困ります。なにしろ、奥さんの方に落ち度はないわけですから。ただ、奥さんの存在そのものが、生命力の弱い夫を傷つけていたというのが問題なのです。

手相の運命線の強い女性に、こういう人が多いですね。それはその人の罪じゃないんです。生命力が強いというのは良いことなんです。ただし、男が弱い場合には意図せずして相手を苦しめてしまうのです。

ただしこれも、言葉の工夫でいくらでも解決できます。

「おフロが沸きましたけど、お入りになりますか」

と言ったらいいんです。つまり、相手に判断させるように話を持っていくわけです。

帰宅した夫を迎えるときの、妻のポピュラーなセリフに、

「ご飯にしますか。それともおフロにしますか」

というのがありますね。これなんか、まさに男を立てるツボを押さえた良い言い回しです。

これを、「ご飯はもうできてるから、早くおフロに入ってきてね」と言ったりすると、男はガクッときます。女性の方は命令の気持ちはなくて、ただ単にそれがいいと思って口に出しているだけなんですが、言われた方は命令と受け取ります。それによって、男のプライドが踏みにじられるのです。

ですから、決定権を相手に与えるような言い方をしてみてください。「これ、やって」と言うんじゃなくて、「時間があったら、これやってくださらない？」と言うんです。

結果として、答えはひとつしかなかったとしても、男性にしてみれば、

「どうするかと訊かれたから、オレは自分の意志で答えを選択した。だからこれは、オレ自身の出した結論なのだ」

と、思えればいいわけです。

ここでは特に運命線の強い女性を例にあげましたが、普通の男女関係においても、同じセン

スが要求される、と女性は思っておいた方がいいと思います。

こうして、ああしてと言わずに、常に男性を立てる形で、「どうしますか」と、結論をゆだねるようにするのです。そうすると男性の社会的承認の欲求が満たされ、うまくいきます。

♥夫のいちばん喜ぶことを見抜く

男性を立てる方法として、言葉の使い方を説明してきましたが、こういうのはわかっていても、いざやるとなると照れ臭いものです。

だいたい、昨日まで違う態度をとったり、違う言葉遣いをしていたわけでしょうから、いきなり変えるのもなんだか不自然で気が引けてしまいます。今さらねえ、という気が起こったりもするでしょう。

これをやるにはコツがあるんです。楽しんでやってみたらいいんです。

たとえば、今まで何か言われても、黙って口ごもっていたのを、「はい」と返事するようにしたとします。そのとき、相手はビックリするでしょう。その反応をみて、あなたは楽しめばいいんです。

私の家内も、いろいろと楽しんでいます。私が帰ると、二人の娘といっしょに三人で玄関に三つ指をついて、「お帰りなさいませ」なんてことをたまにやるんです。

こっちも、「おお、今帰ったぞ」なんて、うまく合わせています。こんなふうに遊んでしまえばいいんです。

結局、夫婦円満というのは、お互いに心と体が解放されてるということですよね。解放されてるというのは、お互いが喜ぶことです。

ご主人を立てるには、喜ぶことをやってあげればいいんです。どうやったら喜ぶのかを研究すればいいんです。

たとえは悪いかもしれませんが、私が猫を好きになったのもそうでした。最初は、なんとか喜ばせようと思って、ちょっかいをかけるんですが、パッと逃げてこちらをうかがっています。そんなことが何度か続いて、あるとき首の後ろをなでてやったら、ゴロゴロとすり寄ってきたんです。

それが嬉しくて、いままでは猫って苦手だったんですけれども、可愛いなと思い始めて、今ではすっかり猫好きになってしまいました。

人間もこれと同じです。何をしてあげたら相手が喜ぶのか、それを早く見抜けばいいんです。そのためには、あの手この手を尽くして相手の反応をみること。

たとえば、なんの前触れもなしに、あるとき突然、会社に出掛ける間際のご主人に、「ねえ、キスして」と言ってみるんです。「何言ってるんだ、朝から。みっともない」と、相手が戸惑っても強引に迫ってみる。

これだけで、男はもう一日、上気嫌です。単純なものなんです。

ところが、そういう自分からポンとハメをはずしてみる、ということが、皆さん割とできないんですね。

「どうして私がそんなことをしなきゃならないの」

と、張り合ってしまうんですね。

絶対に張り合うのは損です。張り合う気持ちからは、夫婦円満なんてとうてい実現できません。

相手を立てるというのは、何も負けじゃないんです。相手に全面降服するんじゃないんです。一見、引いたように見せて、それに乗って相手が出て来たところを、こっちのペースに巻きこんでしまえばよいのです。手を替え品を替え、相手の反応を楽しんでください。

夫の一番喜ぶことを、いっしょにやってみる

♥甘え上手が夫を喜ばせる

うまく相手を乗せることができる人と、そうじゃない人がいます。

私はそのプロトタイプを、小学校の掃除の時間に見たことがあります。

五年生のクラスだったんですが、掃除をサボる男の子がやっぱり出て来ます。そういうときは、だいたい元気のいい女の子が「サボってないで、早くやんなさいよ」と尻を叩くんです。

男の子も「なんでやんなきゃいけないんだ」と、ますます開き直ってやらない子と、仕方なしにおどおどしながら始める子が出て来ます。どっちにしろ、喜んで始める子は一人もいません。

そこで私の登場です。女子を集めて、男子を働かせるためのコツを伝授します。女の武器を使え、と言うんです。

べつに変なことじゃありません。「机を一人で運ぶの大変だからおねがい手伝って」と男子に甘えるように言えばいいと教えたんです。そうすれば、絶対に男子は働くから、と。

ところが、女の子たちは「そんなこと言えない」と尻ごみするんです。なぜかと言ったら、それは家庭でお母さんがご主人に、そういう接し方をしていないからなんですね。張り合うばかりで、うまく甘えてない。子どもはそういう男女の関係しか見ていないんです。

ところが、何人か上手にそれができる子がいるんです。男子のところに行って、「ねえちょっとお願い」と声をかけ、本当に手伝わせてしまいました。

男は子どもだろうと大人だろうと、単純なのは同じですから、すぐにこういう手にひっかかるんですね。さっきまでサボってた連中が喜んで机を運んでいるのを見ると、やっぱり男は女に勝てないなあと、しみじみ思い知らされた次第です。

それはともかくとして、私のアドバイスをパッと実行できた女の子というのは、多分、家庭でお母さんがそういう振舞いをしているんでしょうね。調和の呼吸を、知らず知らずのうちに、家庭で身につけているわけです。恵まれた家庭環境に育って、そういう子は幸せだと言わざるをえません。

私の知り合いにも、夫を操る天才の、Yさんという女性がいます。Yさんは、仕事やお付き合いで、どんなに遅くなっても、「迎えに来て」と電話をすると、すぐにご主人が飛んで来ます。

「どうしてそんなにうまくいってるの」と、私は感心して訊きました。すると、

「何だか知らないけど、私は甘えるのが得意なのよ」

という答え。うらやましい方ですね。

そのYさんに、甘える秘訣を、ひとつ教えてもらいました。

「猫みたいに、ゴロゴロと思いきり主人にくっつくの」

これが秘訣なんだそうです。ご主人にベタベタとくっついて、「うるさいからあっち行け」と言われても、「いいじゃない、そばにいさせてよ」と言って、離れないんです。

そして、「ねえ、お願い」とやると、たいてい「しょうがないなあ」と言いながら、ご主人は願いをかなえてくれるというんです。

彼女には三歳くらいの姪《めい》がいるらしいんですが、ご主人は「君はあの子と程度がいっしょだね」と笑っているとか。でも、実際は彼女の甘え方のうまさの勝利なんです。

やっぱりそうだと思います。「こっちへ来いよ」と言ったときに、「私、疲れてるの」とそっぽを向く女性よりは、自分からくっついてくる女性の方が、男性としては可愛く思えるものです。

結果的には、そうやってうまく女性に手玉に取られているのですが。でも、それでいいじゃありませんか。それで二人が喜び、円満な夫婦生活を営んでいるのであれば。

ですから、女性は絶対に猫になるべきです。猫型人間の方が、ご主人には愛されます。

また、あるときは母親になり、またあるときは妹に、あるときは娘に、そしてあるときはい

夫は甘える猫型女性に操られる

わゆる女になったらいいんです。いろんな顔を持っているということが、生活を豊かにすることですから。

男性を手玉に取る方法というのを説明してきましたが、結局それは男性の社会的承認の欲求を満足させ、喜ばせる方法なんです。相手に喜びを与えれば、自分にも喜びは帰って来ます。お互いに相手を喜ばせる中から、調和が生まれてくるのです。

最後に、夜も夫を立てなさいと言っておきます。

昼に女性からいい気分にされ、社会的承認の欲求が満たされた男性は、夜も自信をもって女性を愛することができます。つまり昼に夫を立てることが夜も夫を立てることなのです。お互いが心も体も共に喜び合って、解放されること。それこそが、夫婦和合の秘訣なのですから。

夫婦円満の秘訣。
それは昼も夜も夫を立てること！

第3章

好きな人を射止めるための恋愛術

"開運"愛の手裏剣秘伝

♥恋のインディ・ジョーンズになる

私は手相や気学や心理学をつかって、結婚や子育て、その他いろいろな相談にのっていますが、最近、二十代から三十代の未婚者が増えています。

仕事一筋に燃えて結婚が興味の対象になっていない人はしかたがないとしても、「結婚したい」と繰り返し願っているのに、なかなか縁をつかまえきれない人が大勢います。

そういう人たちの間を取り持ち、何組ものカップルを作り上げてゴールインさせてしまったものですから、いつの間にか結婚コンサルタントと呼ばれるようになってしまいました。

結婚したいんだけれども、なかなかできないという人は、「わたしって縁がないの」とか「因縁が悪いのよね」と、すぐに因縁のせいにするんです。それも少しはあるかもしれませんが、実際はそんな大層な話じゃないことが多いんです。原因はもっと現実的で身近なところにあったりするものです。

こんな笑い話があります。

ジャンボ宝くじで一千万当たったという人の話をきいたある男が、「チクショウ、俺には当たらなかった」と嘆いています。友人が「また次の券を買えばいいさ」と言うと、「えっ、宝くじって買わなきゃいけなかったの⁉」。チャンチャン。

宝くじがいくら運次第だといっても、とりあえず売り出されたくじを買うという努力をしないことには、当たるも当たらないもないわけです。

じつは、結婚できないと嘆いている人には、こういうパターンが多いのです。自分で売り場に宝くじを買いに行くのでも、他人に買ってもらうのでも、他人の買ったのを分けてもらうのでも何でもかまわないのですが、とにかく宝くじを手に入れて、抽選に参加する資格を手に入れることです。恋愛で言えば、恋愛が始まるような状況を身の回りに作ることです。

神様だって、何もしないでボウッと棚からボタモチを待ってるような人の赤い糸を、わざわざ一生懸命、たぐり寄せてあげるようなことはしないでしょう。

「赤い糸ぐらい自分でたぐりなさい」

神様だって、そうも言いたくなるはずです。

結婚したいと思ったら、まず結婚相手をみつける努力をすること。ここから始まらないこと

結婚したければまず行動を起こせ

には話になりません。

努力というのは行動です。自分からアプローチをするのもいいでしょうし、相手から声が掛かりやすくしておくのもいいでしょう。紹介をアテにするのなら、まず友人や職場や親戚の人達に「結婚相手を探してほしい」と伝えることです。

そうやって赤い糸の糸口をみつけないことには、現実問題としてなかなか結婚してもいいと思える相手になんて、巡り会えるもんじゃないのです。

映画のインディ・ジョーンズを思い出してください。ハリソン・フォード演じるジョーンズ博士が、次々と幻の秘宝を手に入れることができるのも、彼の行動力あればこそなのです。

どうしても手に入れたい秘宝があると、たとえ毒蛇の棲む密林だろうが、ナチス軍の待つ砂漠だろうが、あえて乗りこんでいくインディ・ジョーンズ。あなたも、結婚という宝を手に入れたいんだったら、まずそのための行動を起こすことです。

恋のインディ・ジョーンズになりましょう。そこから結婚という宝探しが始まるのです。

♥白馬の王子は現れない

結婚の願望はあるのに、自分から積極的に行動しない人に多いのが、白馬の王子願望です。

自分にとって最高の人といつか運命的な出会いをして結ばれるんだワ……。

つまり、いつの日かすてきな王子様が白馬に乗って、自分を迎えに来てくれるようなつもりでいるのです。

考えてもみてください。これだけの広い世の中で、いろんな人たちが出会いと別れを繰り返し、愛し愛されているのです。あなたがポーッとメルヘンチックな夢に浸っている間に、周囲では次々にアプローチやプロポーズが現実の生々しいできごととして展開しています。そういった恋の争奪戦の中で、ちょっと魅力ある人には、人一倍のアプローチが殺到します。誰もが理想とするような人は、それだけ他人の手に落ちるのも早い。仮に白馬の王子があなたのいるところに向かって来ていたとしても、だいたい途中でそのへんの女性のウインクひとつで陥落するのがオチなのです。

高望みが悪いというのではありません。でも、王子様を射止めたいのなら、せめて家の前に旗ぐらい立てておきましょう。街道に出て手ぐらい振りましょう。いっそのこと、お城まで出掛けていって、自分の写真を手渡してくるなら、もう最高。

写真といえば、お見合い写真ひとつにしても、徹底することが大切です。いちばんお似合いの服を着て、髪をバッチリセットし、いちばん自信のある表情でカメラに微笑みかけましょう。

そして、でき上がった写真に修正をほどこすくらいの心意気が必要です。

それで嫌みになるかどうかはその人次第。公園で撮ったスナップじゃなく、あえて自分を最も理想的な姿に演出してしまうその意欲こそが、運を拓くエネルギーなのです。最低限それくらいの努力をするつもりがなくては恋の女神は応援してはくれませんよ。

ところで、注意しなければならないのが、王子様を待ち続けている人の場合、現実の恋のチャンスを自分で逃してしまう危険性があることです。

私の知り合いに、Ｍさんという二十九歳になる女性編集者がいます。Ｍさんは顔も人並以上で、フィットネスで磨き上げたスタイルはスレンダーながら健康的、それに文才もあって、どう見ても魅力的な女性の部類に入ります。それなのになぜか男っ気がなく、いつも「私は男性にモテないんです」と嘆いているのです。

ところが、よく話を聞いてみると、「用もないのにいつも電話してくる男の人がいて困っちゃうんですよね」

とか、「会うたびに、食事に行きませんかと誘ってくる男性編集者がいるんですけど、変なんですよね」

なんてことを言ってる。

変な人じゃないんです。その男性は、彼女のことが好きなんです。相手が投げかけている恋心を、彼女はキャッチできないのです。「私ってよく、男の人から、君はひどい人だと言われるんだけど、どうしてかしら」

と、彼女はキョトンとしているのですが、そう言われるのもあたりまえ。相手の男性は必死でアプローチしているのに、まったく反応がなかったとしたら、男だってバカにされたと思ってしまいます。

ちなみに、理想の男性を尋ねると、「千代ノ富士」だとか。彼女の場合、千代ノ富士みたいじゃない男性は、どんなに自分に恋のメッセージを送ってこようとも、すべてカボチャかジャガイモぐらいにしか見えていないのでしょう。

Mさんはこうして、せっかくの恋のチャンスをことごとく自分から逃し、そのうえ知らず知らずのうちに何人もの男性の心を傷つけながら、今日もまた「どうして私はモテないんだろう」と、溜息をついているのです。

ちょっと自分の身近にいる人たちに波長を合わせてみたら、また違う世界が広がるかもしれないのに。それまでカボチャだと思っていた人に、凄い魅力を発見できるかもしれないのに。認識が変われば、世界も変わるものです。それまでまったく結婚に縁がないと思っていた人

結婚相手は意外と身近にいることが多い

が、ちょっと積極的に周囲にアピールしただけで、あっという間に相手をみつけて、ゴールインした例なんかもたくさんあります。

そういう人の場合、赤い糸はほんのすぐ身近でヒラヒラしていたのに気づかなかっただけなのです。だから、ちょっと自分から手を伸ばしただけで、すぐに糸をつかむことができたわけです。

いつ迎えに来るかもわからない王子様を待っていることはありません。もしかしたら、あなたもすぐ近くにある赤い糸に気づいていないだけなのかもしれないのです。

目の前を通っていた王子様が、気づかずにスタスタと通り過ぎてしまったということにでもなったら、泣くに泣けません。

まず、自分の存在をアピールする。そこからスタートしましょう。

♥愛の手裏剣投げが相手の心を動かす

相手から来ないのなら、こちらから攻めていく。これ、先手必勝の極意です。恋愛にもこの先手必勝の極意を、大いに活用しましょう。

私の住んでいる三重は、伊賀忍者で有名なところです。江戸時代、忍者にも伊賀と甲賀があって、お互いに争っていたらしいのですが、私はその伊賀の方です。

忍者は近づいてきた敵に、シュッと手裏剣を投げて倒してしまいます。この手裏剣に、毒の代わりに自分の魅力をつけて、相手のハートに投げつければいいのです。名付けて〝愛の手裏剣投げ〟。

とにかく、自分の魅力を手裏剣にして、どんどん相手に投げつけることです。そのひとつが見事にハートを貫けば、めでたしめでたしということになるのです。

ところが、投げたのはいいけれども、相手によけられてしまったのでは話になりません。愛の手裏剣の場合、「ああ、あれに当たってみたい」と、相手が喜んで当たりに来るようでなければならないのです。

では、どんなのに当たりたくて、どんなのは当たりたくないと思うのか。

男性が女性に求めるもののナンバーワンは、なんといっても優しい気配りなのです。外見の占める割合が高いと思われるかもしれませんが、実際に男性に訊いてみますと、そんなことはありません。

ある企画会社のスタッフ同志で最近結婚したカップルの中にも、男性が女性の気配りの手裏剣でKOされたという例がありました。

その男性が、外回りの仕事から疲れて帰ってきたときに、他の女性は「お帰りなさい」と言っただけなのに、一人の女性が「お疲れでしょう」と言って、コーヒーを入れてくれたそうなんです。その一杯のコーヒーで、グッと彼女に傾いて、とうとう結婚にまで持っていったのです。

第三者から見ると、どうしてこの二人が、と言いたくなるくらい意外性のあるカップルなのですが、彼女の気配りの手裏剣が、そんな固定観念をやすやすと打ち破ってしまったようです。

「自分がいちばん新米だったので、他の人からはけっこうきつくされたんですが、彼女だけは優しくしてくれて――」

とは、彼氏の弁。結局、男はそういう女性の優しさに弱いということなのです。

女性が男性に求めるのはセンスの良さ・人柄・経済力、包容力それに明るさ、運の強さなどでしょう。

顔というのもありますが、二度と見るのが嫌というようなひどいものでない限り、まあ普通の人間らしい顔をしていれば大丈夫です。要は慣れです。慣れてしまえば、顔なんて大した問題じゃなくなりますから。

男性は、自分の投げた手裏剣で意中の人を射止めたいと思ったら、自分自身を磨いて、右に述べたようなポイントを、どんどん高めていくことです。特に顔に自信のない人の場合、いまさら顔を変えられないので、仕事をバリバリやって、いつも明るく振舞い、内面性を磨いていくしかありません。

女優の竹下景子さんが、〝お嫁さんにしたい女優ナンバーワン〟といわれていた頃、理想の男性のタイプを訊かれて答えたのが「西田敏之さん」。こんなところで引き合いに出すのは失礼なのですが、西田さんが決して二枚目で売っている方でないことは、皆さんよくご存じのはず。

ところが、彼の男性としての魅力が、そんなことを吹き飛ばしてしまっているのです。竹下景子さんのこのインタビューは、世の多くの男性に勇気を与えたはずです。

愛の手裏剣が刺さった瞬間に、それまでたいして気にもしていなかった相手が、たちまち魅力的に見えてくるから不思議なもの。

さあ、どんどん愛の手裏剣を投げてください。そのうちどれかひとつくらいは、誰かの心にスパッと突き刺さるはずです。

相手に好印象を与える三つのポイント

♥すれ違った女性にプロポーズした空手家

本当に良い縁を手に入れようとしたら、人との出会いのひとつひとつを、大切にしなければなりません。

特に、最初に出会ってパッと見たときの第一印象、これが非常に大事です。皆さんも、身近な友人や知り合いとの、最初の出会いのことを思い出してほしいんですが、意外と覚えているものなんですね。

心理学では「初頭効果《しょとう》」といって、第一印象は後まで強い影響力をもち、あとからつけ加えられた情報により大きく修正されることはないことが確かめられています。

今日一日、あなたは何人の人と出会いましたか。そんなことといちいちわかりませんよね。でも、ほんの何人かは覚えているはずです。たとえば、足を踏まれたとか、挨拶したときの笑顔が素敵だったとか、文句をつけられたとか。良いにしろ、悪いにしろ、心にグサッとくる強いインパクトのあった人ほど記憶に残ります。だからこそ、第一印象で、相手に良い感じを与えられるかどうかが大切になってくるのです。

といっても、第一印象のイメージがひっくり返ることもあります。「あんな人大嫌いと思っていたのに、結婚しちゃったんですよ」と言うカップルは少なくありません。嫌いだと思ったということは、それだけインパクトが強かったということですから、つまりお互いの心が響き合う要素はあったわけです。

そんなケースもありますが、でもやっぱり、最初に悪いイメージを持たれるよりは、好感を持たれた方がいいにきまっています。第一印象だけで結婚を決意し、そのまま本当にゴールインした人もたくさんいるくらいですから。

すごい例をお話ししましょう。元極真カラテの師範で、今では独立してアメリカにいくつも道場を開き、大成功を収めているNさんという空手家がいます。そのNさんが、久しぶりに日本へ帰ってきたときのことです。

地下鉄に乗ったNさんは、駅のホームで一人の女性とすれ違いました。もちろん知り合いではなく、無数にいる乗降客のひとりにすぎません。

ところが、その女性を目にした瞬間、Nさんは一瞬で心を奪われてしまったのです。「オレの結婚相手は、この人しかいない！」

そんなインスピレーションが、ガーンとNさんの心を打ちました。そして、矢も楯もたまらず、その女性に声を掛けたのです。

この女性は、おそらく外見のみならず、内面の輝きが表にほとばしり出ていたのでしょう。なにもNさんに見せようと思って、彼女は輝きを発していたわけではないでしょうが、それが手裏剣となってNさんの心に深く突き刺さり、Nさんにとっても前代未聞であるに違いない大胆な行動に走らせたわけです。

困惑する彼女に何度も頭を下げて、近くの喫茶店に入り、Nさんは必死で自分の想いを打ち明けました。そのときの彼女が、なんと今の奥さんなのです。

若者のナンパじゃあるまいし、普通ならこんなケースは考えられません。しかし、Nさんはこの非常識な行動によって、しっかりと幸せを手にしたのです。

もし、この日、彼女がいつになく魅力のない姿で歩いていたとしたら、こんなドラマは生まれなかったに違いありません。彼女の日頃の心掛けと身だしなみ、人柄の良さが自然に形に現れていたからこそ、またとない幸運を呼びこんだのです。

こんなできごとが、そうそう誰にでも起こるわけではないにしろ、第一印象で人に好感を与

恋の結果は、アタックしてみなければ解らない！

えることによってもたらされる開運効果の大きさを知るには、またとないエピソードでしょう。

♥その人を輝かせるオーラ

人間の放つ輝きについて、もう少し紹介してみましょう。

私が講演で壇上に立って客席を見渡しても、目立つ人と目立たない人というのはハッキリしていました。目立つ人というのは、何がどうというのではなしに光っているというか、パッと目に入ってくるのです。それは何かといったら、やっぱりその人のオーラが輝いているとしか言いようがありません。

先日も、演劇を観に行ったときに、こんなことがありました。

最初、役者さんが全員舞台に出て来て、いろいろな職業の通行人の恰好をするところから始まりました。誰が主役なのか、そこではまだわかりません。

その中に、小学生の恰好をしてランドセルを背負った小太りの女の人がいたんですが、他の役者さんと比べて、その人がすごく目立っていたんです。

しばらくストーリーは、劇場の花形ダンサーを中心に展開していきます。このダンサーが主役だなあと思っていたのに、途中、いろいろあって、花形ダンサーが姿を消してしまうんです。

このままじゃいけない、誰かがその劇場を引き継いでいかなきゃならない、ということで中心になって活躍する女性がじつは本当の主役だったのです。

この主役の女性をよく見ると、最初に、通行人のひとりとしてその他大勢の中でウロウロしていた小学生役の女の人だったのです。

私が感心したのは、その人が最初から全体の中でいちばん光っていたことです。シチュエーションだけじゃその人の役柄はわからないんですが、とにかく最初からものすごく気になるわけです。

どうして、あの小学生役の人はあんなに生き生きしているのかなあと思って見ていたら、お芝居の最後の三分の一くらいに来たところで、初めて主役の女性だったということがわかったんですね。

やっぱり主役を務めるような人は、パッと見ただけで体から発している輝きが違います。本人の持っている自信とエネルギー、人間としての魅力などが、自然と体からにじみ出て来て、人の目を引きつけずにはおかないわけです。

それは見た目ではなくて、本人の存在そのものから漂ってくるものなのです。

もう一つの例をお話ししましょう。

もっと幸せになりたい、魅力ある人になりたいと、コスモメイトに入会したT子さんという女性がいます。彼女は人間としても女性としても魅力的で、いつお会いしてもハツラツとして輝いています。そのT子さんから、生花の発表会があるから来てね、と誘われたんです。

終了ぎりぎりの時間に行ったら、会場には誰もいません。私は生花のことはわかりませんから、五十から六十くらいズラッと並んでいる生花を入口の所に立ってザッと見渡して、「あっ、あれがいい」と思ったのがあったので、その花のところへ行ってみました。

そうしたら、なんとそれがT子さんの生けた花だったのです。たくさんある花の中で、彼女の生けた花は、やっぱり光っていたんですね。

そのとき、もうひとつ光っているのがあるなと思って見たら、それはそのお華の会を主催している先生のお花でした。

このように、本人の持っている輝き、人間としての魅力は、その人の作品にも影響を与えるのです。

この輝きを身につけることができれば、あなたは周囲の人から、「とても気になる存在」になれるというわけです。

♥身だしなみが好感度を高める

第一印象を良くするためには、まず外見に気を配ることが不可欠です。いくら内面を磨いていても、外見にそれなりの気配りがなければ、月に雲がかかっているのと同じようなもので、光は相手に届きません。

外見を変えるのは簡単です。たとえば女性の場合、髪をくくっているのと、流しているのとでは随分違います。最も自分が輝きを放つのはどんな髪形か、いろいろと研究されるのがいいでしょう。

思い切って服装のイメージチェンジをしたい方は、センスの良い店に行って、信頼できる人に、全部服装を任せてしまうのもひとつの方法だと深見先生もおっしゃっています。

その他、化粧を変えてみたり、エステに通ってみたり、できれば体形も変えてみたり、できる限りの努力をしてみてください。

こう書くと、「人工的に美しくなるのはイヤ。ナチュラルなあるがままの私で勝負するの」と反発される方がいると思います。しかし、あるがままの自分が本当に人様に喜んでいただけるものなら結構なのですが、やはり多少なりとも自分をより良く見せる演出は必要だと思うのです。

というのは、結果そのものよりも、そういう努力をするということが、実際に本人を磨いていくことにもなるからです。だってそうでしょう。私は外見でどう判断されたっていいの、と我を張っている人よりは、今日お会いする人に不快感を与えないようにしておきましょうと思って身だしなみを整える人の方が、絶対に相手にとって心地よい輝きを放っているにきまっています。

身だしなみとは、つまり相手に対する気配りでもあるのです。そういった心使いは、自然とオーラとなって現れるものなのです。

また、いいなあと思う人がいるときには、その人の趣味に合わせるのも効果的です。太目が好みの人だったら、なるたけフワッとした服を着るとか、化粧は濃い方がいいとか薄い方がいいとか、そういうポイントをリサーチして、どんどん自分から合わせていくべきです。自分の好みに合うような努力をしてもらって、嫌な顔をする人はいないのですから。

せめて最低限おさえておくべき身だしなみのポイントは、やっぱり清潔さです。不潔さというのは、例外なく嫌われます。鼻毛がのぞいている、フケが肩にかかっているなどはいただけませんね。何はともあれ、まず清潔にしてすがすがしくしていること。これだけで好感度はグ

身だしなみは、あなたの魅力をグングンアップする

ーンと高まります。

いろんな工夫はあると思いますが、気をつけなければいけないのは、自分では自分のことが案外わからないということです。自分がどんな印象を相手に与えているのか、まず身近な友人に訊いてみた方がいいでしょう。自分では良いと思っていたことが、意外と他人からは変に思われていたというようなことも多いですから。

ともかく、自分のためではなく、他人のために身だしなみを整えるんだという気持ちで、どんどん自分を美しく見せる努力をした方がいいと思います。

また、そうやって、自分を演出していくことで、いままで気づかなかった別の自分を発見することもあります。それが大きな自信につながって、よりいっそうその人を光らせたりもするのです。

内面の輝きを表に出すには、まず身だしなみから。この原則を心にとめておいてください。

♥性格を明るくすれば人に好かれる

人に好かれるための要素として忘れてはならないのが、やっぱり性格の明るさです。

とかく暗い性格というのは損をします。何も失敗していないのに、暗い人が何かするだけで煙たがられるものです。

逆に性格が明るければ、何か欠点や失敗があっても大目に見てもらえるという場合がありま
す。性格の明るさは、それだけでひとつの大きな人徳なのです。

こう書くと、「ただ明るい人より、少し暗い人の方がいい」と反論する人もいるでしょう。ちょっと陰のある男性が好きだという女性は多いみたいです。特に若い子には、まじめな子よりもやや不良っぽい男の子に惹かれる傾向があるようです。

若いうちはそれもよいかもしれませんが長い一生を考えたとき、性格の暗い人はさけた方がよいでしょう。なぜなら、暗い人で運がよい人はいませんから。

同じ能力を持っているのなら、明るい人の方がだんぜん強運です。

とにかく今から信頼できる相手を探し、地に足のついた誠実なおつき合いをしようというのであれば、やはり明るい性格で人に好印象を与えるところからスタートした方がいいと思います。

さて、明るい性格になるように努力しようというのが、ここで私の言いたいことなんですが、そういいますと、性格はもう変わらないんだとおっしゃる方がいるんです。そう思っている人は結構多いようです。その人は変わらないと思って努力しないから結局いつまでたってもいま

のままです。

ところが、私は断言したいのですが、性格は変えられます。確実に変わるんです。

もちろん、もって生まれたその人の素質というのはあります。しかし、表に出て来る性格というのは、表現を施されたものです。その表現の仕方を訓練によって変えることによって、驚くほど人の性格は違って見えるものなのです。

たとえば、引越をして環境を変えたりすると、変身するのも簡単です。相手がまったく初めての人であれば、新しい自分を表現するのも楽だからです。

私の教員時代にもこんな例がありました。あるとき転校生が来たのですが、その子は前の学校でいじめに遭っていたせいで、人前に出るとおどおどしてうまく話ができないというのです。

私はその子に言いました。「ともかく、でっかい声でコンニチワと挨拶し、大きな声ではっきりと名前を言いなさい。前の学校での君のことは誰も知らないのだから大丈夫。きっと友達がたくさんできるよ」

その子は最初の朝礼のとき、私に言われたとおり、勇気を振り絞って大きな声で挨拶をしたのです。

クラスの子供たちは、その子の過去のことなんか知りませんから、「元気なやつだな」と思います。その子は新しい学校では「元気な子」としてスタートすることになりました。すると、仲間がその子のことを「元気な子」として接してくるものですから、いつの間にかその子自身が、本当に元気な子に変身してしまったのです。

このように、人間は違う表現の場を与えられて、その表現に自分が染まってくれば、それがその人の性格として定着してしまうものなのです。

ただし、普通は環境を変えるといっても、そうそう簡単に変えられるもんじゃありません。今いる環境の中で、少しずつ違う自己表現の仕方を練習していくしかないでしょう。私が所属している「**コスモメイト**」は、明るく楽しく元気で積極的な生き方をしたい人の集まりです。「コスモメイト」のような、前向き、発展的な人たちの集まりに顔を出すのも、自分の環境を変え性格を変えるよい方法です。

性格は必ず変わるということを信じて、さあさっそく具体的に行動に移してみましょう。

♥性格を明るくするには表情から入る

性格の明るさはどこに現れるかと言いますと、まず顔です。パッと顔を合わせたときの瞳の輝き。ニッコリ微笑んだときの目元の涼しさ。そんなところからオーラがキラリと輝くのです。

いままで自分は暗いなあと思っている方は、今日から意識して明るい顔を作るように努力してください。

ただし、いくら口で面白いことを言おうとしても、顔がこわばったままではアブナイ人になってしまいます。逆に表情がゆるみすぎても、明るいというより軽薄と取られかねませんので難しいところです。

良い表情を作るには、まず自分が普段、どんな顔をしているのか知るところから始めます。顔なんていつも鏡台で見慣れてると思ったら大間違いです。たいてい自分から鏡に向かうときには、表情を意識していますので、よそ行きの顔になっていることが多いのです。化粧をするときなんて、なおさらです。

さて、まず鏡に後ろ向きになって立ちます。表情を意識しないようにして、なるたけ普通に道を歩いているのと同じような気持ちになります。そして、パッと鏡を振り向くのです。そのときに鏡に映っていた顔が、あなたがいつも人に見せている顔だということになります。

けっこう自分でイメージしていたのと違う顔がそこにあるはずです。優しい顔をしているつもりが思ったよりきつかったり、キリッとひき締まっているつもりだったのがニヤケていたり。自分はこんな表情を人に見せながら町を歩いていたのかと、軽いショックを受ける人もいるでしょう。

ここで絶望せずになんとか気を取り直して、次は良い表情作りのトレーニングをしてみてください。

表情のトレーニングというのは、目つきとか筋肉の動かし方なんです。たとえ心の中では面白くなくても、頬の筋肉を上に上げると表情が柔らかくなるでしょう。目を大きく開くと、非常に明るくひょうきんに見えますね。それだけのことで感じが変わるんです。

人にいちばん良い印象を与えるには、真面目な顔と笑顔の中間の顔、すなわち、真面目な顔がいまから笑顔に移ろうとする瞬間の顔を無意識にいつも出来ているように訓練するとよいようです。鏡を相手に、楽しみながらいろいろな顔を見つけてください。

ある有名な大企業の社長は、毎朝鏡の前に立って、「お、今日もいい顔をしている」と、鏡の中の自分に話しかけるんだそうです。「今日も頑張ろうね」ともう一人の自分に話しかけることで素晴らしい一日を始めるわけです。

これも、自分で良い顔を作ることによって、精神のコンディションを良くしているよい例だと思います。

教師という仕事は腹が立っていなくても、子どもには怒ったふりをしなければならないときもあります。逆に、腹が立っていても、ニッコリと笑顔を作らなければならないときもあります。子どもとのコミュニケーションの手段として、そういう顔の表情の作り方を、私も毎日のように鏡の前で練習したものです。

じつを言うと、タレントさんなんかも、みんな鏡とニラメッコしながら、顔の作り方の練習をしているのです。そして、最も自分をアピールできる表情、顔の角度、目線なんかをみつけ出すわけです。タレントさんの写真が、いつも最高の表情でキマッているのもあたりまえ。あれは鏡の前で練習に練習を重ねた末にマスターした表情を、カメラを向けられると同時に、パッと作っているのです。

タレントさんでさえそうなんですから、あなたも自信がないなんていわずに、自分の最高の笑顔をみつけ出してください。

付け加えると、笑顔ばかりでなく、もっといろんな表情を練習しておくのもいいでしょう。女性だったら、嫌いな男性からの誘いを断わるときの怖い顔や、グッと色っぽく迫るときの憂いを含んだ流し目なんていいですね。

男性だったら、いつもニコニコばかりでは軽く見られますから、それこそちょっと陰のある悲しげな表情とか、男らしいキリッとした顔つきをマスターしていれば、魅力倍増につながる

人に好印象を与える「自分の顔」を研究せよ！

でしょう。

♥真心をこめた言葉で言霊《ことだま》を動かす

印象の良し悪しを決定するものに、言葉があります。

言葉は、トーンひとつで相手に与える印象がまるで違ってきます。

たとえば、威圧的に「こっちへいらっしゃい!」と言われると、何もしてなくても怒られるのかなとビクビクしますね。優しく「こっちへいらっしゃい」と言われると、どんな歓迎をしてくれるのかなとワクワクします。女性から鼻にかかった甘ったるい声で「こっちへいらっしゃい」なんて言われれば、もう女房も子供も忘れて……、と危険な状態になってしまう男性もあるかもしれません。

こんなふうに、同じ言葉を言っても、トーンがニュアンスを変えてしまうのです。

いくらニッコリ笑顔をこしらえて相手に話しかけても、声が緊張でこわばってしまっていては、相手も心を開いてくれません。相手に安心感を与えるような、柔からく温かいトーンで言葉を用いるように心掛けると良いでしょう。

前のページで紹介した、一杯のコーヒーで結ばれた、スタッフの例もそうですね。普通に「お疲れさま」と言われるのと、ご苦労さまという真心をこめて心から「お疲れさま」と言われるのとでは、全然印象が違うのです。後者のように言われるからこそ、心もグラリと動くのです。

ところで、日本では昔から、言葉には魂が宿っていると考えられてきました。これを言霊《ことだま》といいます。言霊が響き合って、そこに現象が現れると考えられていたのです。聖書の「はじめに言葉ありき」もこれですね。したがって、言霊が良い形で働くように、良い言葉を美しく正確に発音しなければならないとされたのです。

たとえば「つまんない」というのは良くない言霊です。「嬉しいなあ」となると、良い言霊です。

前者は、言った本人だけじゃなく、周りの空気をもつまらなくさせてしまいます。逆に後者になると、聞いた他の人をも嬉しい気分にさせてくれます。「嬉しい」という言葉を感極まったトーンで言えば、なおさら効果はあります。これが言霊の働きなのです。

ですからなるべく肯定的な良い言霊を使うようにしながら、生活するように心掛けたいものです。

子どもを育てるときにも、言霊は力を発揮します。誉めるときに、ただ「よくやったな」と言うんじゃなくて、「よく頑張ったな、エラいなあ、お前は本当に賢いよ」と、心をこめて言うと、本当に子どもはどんどん賢くなっていくのです。良い言霊がエネルギーとなって働くからです。

逆に「お前はバカだ」とか「何をやってもダメねェ」などと、否定的な言葉を浴びながら育った子どもは、やはりどこかイジケたり、能力を伸ばせなかったりします。いま子育てまっ最中の方はもちろん、これから子どもを持とうという方も注意されるといいでしょう。

自分で自分に向けた言霊も同じです。何でもかんでもとりあえず「頑張ります」のひとことで、積極的に取り組む人は、やっぱり頑張り続けるパワーが自然にみなぎってきます。ところが、謙遜のつもりで「いやあ、私なんかダメですから」というようなことをあまり言い過ぎると、だんだん本当に自分はダメだと思いこむようになってしまうのです。

ですから、自分に対しても相手に対しても、まず積極的で肯定的な言葉遣いを心掛けることです。

何かを頼まれたときに、「私ダメですから」と言いながらイヤイヤ引き受けるより、ちょっと難しいかなと思っても「頑張ります」と笑顔で引き受けた方が、まったく印象が違います。もちろん、そのときの自分自身の輝きも全然違うでしょう。

「おっ、なかなかいい感じだな」と思われれば、そこから運も拓けてきます。相手が意中の人であれば、あなたへの印象の良し悪しは半分そこで決定するはずです。

それくらい言葉というのは大切なものなのです。特に最近の若い人たちは、言葉の使い方には無頓着な人が多いので、気をつけた方がいいでしょう。

♥恋のきっかけは積極的な挨拶から

身だしなみ、表情、言葉と好感度アップの基本要素がそろったところで、次にそれを具体的な行動に生かしてみましょう。

最初のとっかかりは、何よりもまず挨拶です。気持ちよく人に挨拶できるようになれば、それだけで好感度はグーンと上昇します。

ところが、この簡単な挨拶が、やってみると意外に難しいものです。たとえば顔見知りの人が前から来たとき、相手がこちらに気づいていなかったりすると、どうしようかなと思っているうちに挨拶するタイミングを逃してしまったことはありませんか。そういうときって、すれ違ったあとでけっこう後ろめたいものです。

職場なんかでもそうですね。人から先にしてもらわないと、自分からはつい遠慮がちになって挨拶がおろそかになることがあります。ボソボソと聞き取れないような声で「お早うございます」とつぶやいて席につく人、けっこういるでしょう。あれでは職場自体の雰囲気も盛り上がりません。

私が転勤で、ある小学校に赴任したときのことです。初日の朝に、私は元気よく「お早うございます！」と言って職員室に入りました。ところが、すでに来ていた他の先生たちは、机に向いたまま誰も返事をしないのです。

次の日も同じです。私の挨拶に誰も返事を返しません。この学校の職員室には明るく挨拶する習慣がなかったのです。人間って面白いものですね。子どもたちに「きちんと挨拶をしましょう」と教えている先生方が、自分たちはお互いに挨拶しないことを疑問に感じていないんですから。

私はおかまいなく、毎朝毎朝、大きな声で「お早うございまーす」と言い続けました。するとそのうち、何人かがボソボソと恥ずかしそうに返事を返してくるようになりました。さらに続けているうちに、二週間目に全員が、私の挨拶に「お早うございます」と元気よく答えてくれたのです。「やった！」と思いましたね。

誰だって明るく挨拶を交わし合えば、お互いに気持ち良くなれるとわかっているのです。でも、それを実行するのがなんとなく照れ臭いのですね。自分だけおめでたい人間のように見られそうだからでしょうか。

その照れ臭さの壁を、越える努力をすればいいのです。一度壁を越えてしまえば、もう誰に声を掛けるのも掛けられるのも、苦痛ではありません。

相手がちょっと顔を知ってる程度の人で、声をかけるのはどうもというときは、せめて軽く会釈するだけでもいいのです。逆に相手の方が戸惑うかもしれませんが、でも、挨拶をされて嫌な気になる人はいないわけですから、どんどんやりましょう。あまり難しく考えないで、さっそく始めてみませんか。

男なんて単純ですから、ニッコリ微笑みかけられると、自分だけ特別扱いされているような気になって嬉しくなってしまいます。勘違いの恋なんかが生まれるのも、こういうきっかけからです。

学生時代にもいました。「あの娘、どうやらオレに気があるらしいんだよ」と友人がニンマリしているので、よく聞いてみると、ある女の子が彼とすれ違うたびに「こんにちは」と、素敵な笑顔で挨拶してくれるんだそうです。

「今度、挨拶されたら、オレ、デートに誘っちゃおうかな」と、友人はすっかり舞い上がっています。彼には気の毒で言えなかったのですが、じつは彼女は、私にもそれから他の誰に対し

笑顔で挨拶。これで男はマイッテしまう！

ても、いつも笑顔で挨拶をしてくれる人だったのです。

まあ、友人もつかの間のときめきにひたることができて幸せだったでしょう。男って可愛いもんだと思いませんか、女性の皆さん？

話を戻すと、感じのいい挨拶ひとつで、人気者になれるということ。「あの子いい感じだな」という思いは、簡単に恋へと変化するのです。

恋のきっかけは明るく笑顔で挨拶から。そう思っていてもいいでしょう。

さあ、あなたも今日から、積極的な挨拶を実践してください。

言い忘れましたが、挨拶に大切なのはさりげなさです。ぎこちない挨拶や作為的な挨拶は、逆に相手の心に緊張感を与えてしまいます。「明るく、さりげなく、積極的に」、これを心掛けてください。

♥優しさを行動で表す

これまでは見た目から受ける好感度アップの方法を主に話してきましたが、今度は心にハッと「いいな」と感じさせる方法です。

私たちはどんなときに「あの人はいいなあ」と思うでしょうか。やっぱり、優しさや温かさを感じたときでしょう。

誰でも優しさや温かさを、心の中に持っています。でも、それを出し惜しみしている人が多いんです。

たとえば、子どもが転んで怪我をしているとします。「あら、かわいそうねえ」と言って、横を通り過ぎる人、これは優しさではありません。「なんだ面倒くさいな」と思っても、抱き起こす人の方を、私は優しい人だと思います。

私が担任をしていたとき、こんなことがありました。ある男の子が、給食のおかずの入った重たいタンクを、フウフウ言いながら運んでいるとき、他のクラスの先生が通りかかりました。「重たいのを持って偉いな。しっかり頑張れよ」と、その先生は声を掛けて通り過ぎていきました。

その子は言っていました。「そんなもの、ほめてほしくない。それよりいっしょに持ってくれたらよかった。手伝ってほしかった」

つまりそういうことなんですね。誰かが大変そうにしていたら、ちょっと行っていっしょに手伝ってあげればいいんです。そうすれば、人に絶対に喜んでもらえます。

同僚や知人が忙しそうにしていても、時間がなくて手伝えない場合もありますが、そのときには「五分しか時間がないけれど、よかったら手伝うよ」と言ったらいいんです。それだけでも相手は嬉しいでしょう。

「いや、大丈夫」と相手が答えたら、「そう。でも大変だったらいつでも言ってね」と言ってあげれば、お互いに、とても気分がいいですね。

優しさとか愛情とかいったものは、とても抽象的です。だれだって、優しさを持っていますかと訊かれたら「あたりまえよ」と答えるでしょう。

しかし、心の中にだけ優しさがあってもしょうがありません。言葉とか、行動とか、態度とかに具体的に表すことによって、初めて優しさは生きてくるのです。

「みんながお互いに思いやりの心を持って、助け合っていけば、きっと平和な世界が実現すると信じています」というような、素晴らしい希望とロマンを口にする方はたくさんいらっしゃいます。

ところが、そういう人が、隣の人の落としたエンピツを拾ってあげられなかったりするんですね。「自分が落としたんだから、自分で拾うだろう」となってしまうんです。

自分で落としたんだから、自分で拾うのはあたりまえ。そのとおりです。でも、それは理屈でしかありません。理屈を越えたところで相手に働きかけてあげられる。それが優しさであり愛情ではないかと思います。

こんなこと、今さら言うまでもないあたりまえのことじゃないかと思うんですが、でもこの道理が通用しない人が増えているのには驚かされます。

お互いが助け合えば、平和な世界が実現すると信じている。でも、日常的なレベルでは、他人のテリトリーに入っていくこともしなければ、他人が自分のテリトリーに入ってくることも嫌がる。こうした矛盾を、矛盾としてとらえていない人が多いのです。

世界の平和の前に、まず身近な人に好感を持ってもらえるということの方が先なんじゃないかと、私なんかは思います。

自己満足だけでは優しさになりません。相手に喜んでもらうことが優しさなのです。

♥特技で相手の意表を突く

私が高校三年生のときの話です。

運動会で応援団長をやっていたんですが、メンバーの中に、ひとりの下級生の女の子がいました。あまり目立たない子で、特に気になるような存在ではありませんでした。

運動会が終わってから、その子が「小指の思い出」という歌を歌ってくれました。ところが、これがビックリするくらいうまいんです。

で、その子の歌のあまりのうまさに聴きほれながら、いつのまにか彼女に心惹かれていく自分を感じました。何の取り柄もないと思っていた子が、抜群に歌がうまかったという意外性が、私の心を揺らしたのです。

自分の意に反して恋心が芽生えるのは、こんなときです。まずビックリして、それが尊敬に変わって、やがて魔法にかかったように恋をしている自分に気づくのです。

尊敬するというのは、好きになる最初ですね。つまり、他人から一目置かれるような特技を持っていることが、人の心を射止めるときに大きな武器になるということです。

コスモメイトの会員のJ君は、「人生ただ一度のバラ色の日々でした」と言って、次のような体験談を語ってくれました。

J君はまじめで勉強もでき、いつもクラス委員をまかせられるような小学生でした。でも、だいたいにおいて勉強ができるというのは、あまり特技として認められません。J君も信頼が厚いわりには、いわゆる人気者と呼ばれる存在ではありませんでした。

五年生のときです。市内陸上競技大会の一〇〇メートル走校内予選で、まったくノーマークだったJ君がトップになってしまいました。ちょうど成長期で、体力的にも伸び盛りだったので、天性のバネが一気に開花したのでしょう。

そしてJ君は学校の代表として市内大会に出場し、なんと一〇〇メートル走で大会新記録を樹立、四〇〇メートル・リレーではアンカーを務め、大会タイ記録で優勝という大偉業を達成したのです。翌日の新聞には、写真つきでJ君の活躍が報じられました。

大変だったのは次の日からです。彼が下校しようとすると、校舎の上の階から女の子が「J君、待っててー！」と叫びながら駆け降りてきます。帰り道では別の女の子が待っていて、すでに学校からいっしょについてきてる女の子と、激しい火花を散らし合います。信頼は厚くてもガリ勉イメージでしかなかったJ君が、〝足が速い〟という特技を身につけたとたんに、一夜にしてスーパーヒーローとなってしまったのです。

ちなみにこれ、小学生の話ですよ。この年頃の女の子のおマセぶりには驚かされるばかりです。

ところが、男の子の方はまだそこまで恋に目醒めていませんから、そんな状況に戸惑ってしまいます。どう対処していいのかわからずオロオロしているうちに、女の子の方も熱が醒めて、J君の身の周りはまた鎮静化してしまいました。

「今から思うと、あんな夢のような日々は、人生で最初で最後でしょうね」

特技は魅力大アップにつながる

そう言って、J君は遠くをみつめるのです。過ぎた日はもう戻らない、ああ……、という感じでしょうか。ちなみに、二十九歳になった今、彼は恋人もなく、この本の出版を心待ちにしている状況です。

確かに、子供の頃のような派手なモテ方はないかもしれませんが、J君だってなにも小学生時代の栄光を懐しんでいる場合じゃありません。今のJ君が持っている魅力、特技を効果的に発揮できれば、また必ず帰り道で待ち伏せする女の子は現れるのですから。あなたも、自信のある特技をひとつ持っていれば、それを上手に公開する機会を作ってみてください。そうすれば必ず、心を揺さぶられる人はいるものです。

男の魅力と女の魅力

♥頼れる男がいちばん

人に好感を持ってもらうための基本をここまで話してきましたが、次に男女それぞれの魅力について考えてみたいと思います。男性が女性に、女性が男性に、それぞれ結婚相手としてどんな要素を期待しているか、ということです。

まず女性が求める男性の要素を考えてみましょう。

女性から見て、第一に男性に求めるものは、何がなくとも頼りになることです。頼りになるというのは、行動力や決断力があるということです。たとえば、二人で食事に行きますね。女性が「何にする?」と訊いたときに、「うーん、どうしよう」と男性がいつまでも決められないんじゃ困ります。

少々強引でも、自分がパッと決めるのはもちろんのこと、相手の女性に「これにしようか」と勧めるくらいの方が、女性にしてみれば頼り甲斐があるわけです。

第二に、あんまり細かい男性は、女性から敬遠されるみたいですね。

基本的に女性の方が、男性より神経が細やかにできているはずですから、やっぱり女性は男性に大らかさを求めたいのです。それなのに、いっしょにいる男性が、自分よりも細かいことにこだわる人だと、うんざりするのも当然でしょう。

好きで一緒になったけれど、ご主人にいちいち細かいことまで指摘されて息がつまってしまったから別れたというご婦人を知っています。

男性は、多少大ざっぱに「まあ、いいじゃないか」という感じで女性をリードしてあげた方がいいと思います。

第三は、やっぱり経済力です。どきっとされる方も多いんじゃないでしょうか。確実に食べていける力がないと、男性の場合、これはもうダメです。

五十歳、六十歳くらいで、たいして風采の上がらない感じなのに、うらやましいくらい美人で素敵な女性を奥さんにもらっている人がいますね。ああいう人は、経済力がしっかりしているんだと思います。

もちろん、経済力だけを理由に結婚する人はいないでしょうが、たとえどんなにいい人だったり、未開花の才能があっても、生活していける裏づけがなければ、女性だって考えるはずです。

中には、「あなたが芽が出るまでは、私が養ってあげるわよ」という、頼もしい女性もいます。そういうパートナーに巡り合った方はラッキーなのですが、それは極めて珍しい例でしかありません。

やっぱり、男性が女性を養う。これが基本です。

また、経済力というのは、社会的な評価の尺度でもありますから、それによって男性がある程度品定めされるのは、社会生活をしている限りしかたがないでしょう。

女性が君に求める3要素

♥抜けてるように見せる女性の魅力作り

次は、男性から見た女性の魅力について考えてみましょう。

最近、男性に負けないで、どんどん社会進出している女性が増えてますね。男顔負けという言い方がいいかどうかわかりませんが、颯爽と仕事をこなすキャリアウーマンは魅力に満ちあふれています。

しかし、です。その魅力が男性からの人気に結び付くかというと、また違うんです。しっかりし過ぎた女性というのを、男性は敬遠する傾向にあるのです。

結論から言いますと、女性は少し抜けているくらいが、男性にとって魅力的に映る、ということです。

「そんなの時代遅れの女性蔑視だワ！」

という怒りの声が飛んで来そうですが、ちょっと待ってください。私はなにも、男と女を比べて女が劣っているとか、男は偉くて女は何もできなくていいなどと言ってるのではありません。思想を語っているのではなく、男性が男という特質の部分で、無意識のうちにパートナーに何を求めているのか、ということを知ってもらいたいのです。

男性は社会的承認の欲求を強く持っています。社会の中で認められたいという欲求です。そうなると、男性にとっては、自分より立派な女性というのは困りものなのです。その女性と自分を比べて、自分が見劣りするようだと、もうその人にはアタックしません。

ある男性が、少しだけ惹かれている女性が二人いたとします。一人は、自分がいないとダメになりそうなタイプ。もう一人は、バリバリとなんでも自分でこなしていくタイプ。

こういう場合、男性は前者を選ぶことが多いのです。これは男尊女卑の思想などではなく、男の持っている特質なのです。

なかなか結婚できないという女性は、このあたりをもう一度考え直してみるといいでしょう。

「フン、私より仕事のできない男なんてお呼びじゃないワ」

という女性にも、それはそれで志の高さは立派で良いのですが、ひとつの現実として、あなたが自分の能力を誇示すればするほど、結婚の対象は減っていくということです。

たとえば、職場で年下の男性を君づけで呼んでいる人なんかも敬遠されます。年下だろうがなんだろうが、さんづけにして男性を立ててあげたらいいんです。

あなたが結婚なんて二の次だ、仕事だけが恋人だと思っているのならよいのですが、人並みに結婚して幸せをつかみたいと思っているのなら、あまり完璧な人間になりすぎないことです。

少し頼りない女性の方が魅力的

人間としてレベルが低くていいということじゃありませんよ。本人のレベルがどれだけ高くてもかまわないのですが、こと男性との関係においては、それをあまり誇示しすぎないということです。

少し頼りないと男性に思わせるくらいが、ちょうどいいんです。実際には抜けていなくても、少し抜けたふりをしたらいいのです。本当に賢い女性は、男性に対してちょっとだけスキを作ってあげるわけです。

やっぱり、女性は男性のやる気を触発させるように振る舞ってみるということ。家庭を持ち、子どもを作り、末永くいっしょに暮らすという関係を男性と作りたいのであれば、そういう女性を演じることも大切だと思います。

♥今は女性から声をかける時代に

さて、充分に自分の魅力をアップしたところで、いよいよ恋人獲得の実践アプローチに乗り出すことにしましょう。

ところで、男性からアタックするのは当然としても、女性の方からのアタックというのはどうなのでしょうか。私は一度、それがすごく気になったことがありました。

恥ずかしい話なのですが、数年前福岡の知り合いから送ってもらった唐子明太子を一カ月間毎日食べつづけたことから、私はついに痔になって、入院するハメになってしまいました。

この本の作者が痔で入院……？　そうなんです。まあそんな訳で私が痔で入院していたときに、病院のベッドで『古事記』を読んだのです。その中に出てきた、イザナギとイザナミの国生みのくだりが、凄く私の興味を惹きました。

イザナギとイザナミは、子供を作るために天の御柱の周りを、それぞれ別の方向に回って、出会ったところで声をかけ、結ばれたんです。そのとき、最初に声をかけたのが、女性であるイザナミの方からでした。

その結果、生まれたのが、骨も手足もないヒルコです。早い話が水子なんですね。

そこで私はハッとしました。私も最初の子供が流産だったのです。そして、私たち夫婦も、最初に声をかけてきたのは、家内の方からでした。あれがいけなかったんじゃないだろうか、と私は思ったのです。

イザナギ、イザナミはその後、女性から先に声をかけたのがいけなかったと天の大神様に教えられます。そして、もう一度、天の御柱の周りを回って、今度は男であるイザナギから声をかけ、無事に日本の国土を生むことに成功したのです。

私はこの神話に習いたいと思い、家内を電話で病院へ呼び出しました。そして、古事記のエピソードを話して聞かせたのです。

「僕たちも、君の方から声をかけたのがいけなかった」

家内は笑いをこらえながら「昔のことは覚えてないわよ」と言いました。だけども、もう一回やり直したいと私が提案して、病室の中で、急拠、イザナギ、イザナミの真似をすることになりました。

家内はニヤニヤ笑っていましたが、私はわざと真剣な顔で言いました。

「結婚してくれるか」

そして彼女が「ハイ」と。

これ、結婚して十九年目のできごとです。

その話がいつのまにか、コスモメイトを主宰している深見先生の耳に入りました。

「男性から声を掛けなければならないのは、あくまで昔の話です。今は男性からじゃない。むしろ女性から声を掛ける時代なんですよ」

と、深見先生はおっしゃるんです。

それを聞いて、私はまたすぐ家内に、

「時代は変わったんだ。また君から、結婚してほしいと言ってくれ」と頼んだのですが、今度は笑って相手にしてもらえませんでした。

というわけで、今の時代は女性から声を掛けた方がうまくいくのかもしれませんね。女性の皆さんも安心して、また自信を持って、意中の人にアタックしてみてください。

もちろん勇気ある男性は女性にどんどんアタックしてください。あなたのアタックを待っている女性も多いはずですから。

♥狙った相手を必ずものにする秘伝

意中の相手を振り向かせることなんて、じつは簡単なんです。

いきなりそう言い切ってしまうんですが、その裏づけとなっているのが、心理学で言う「態度の三要素」です。

三要素とは、「認識」「感情」「行動」の三つ。この三つのうち、どれかひとつを変えたとすれば、それに従って残りのふたつも変わっていくという説があるんです。

たとえば、行動を変えるとします。すると、それに合わせて、認識と感情が変わってしまうんです。このことは、何度も実験を繰り返した末に、実証されています。

これを恋愛に応用するとどうなるでしょう。

ある女性がいて、彼女が同じくらい好きな男性A君とB君がいるとします。この場合、女性にとっての好きだという認識、感情は同じです。そうすると、その女性をA君が射止めるか、B君が射止めるかは、残る三要素のひとつ、行動の部分をどちらが先に変えるかということにかかっています。

さて、先に行動を起こしたのはA君です。いきなり彼女の唇を奪ってしまったのです。

そうすると彼女は、次のような考え方をします。

A君もB君も好きだったけれど、A君に唇を許してしまった。許してしまったのは、きっと自分がA君の方をよけいに好きだったからに違いない、と。

人間は面白いもので、自分のとった行動をマイナスに考えたくないという心理が働きます。だから、この女性も、私が嫌いな人に唇を許すはずがない、好きだったから許したんだ、というように考えていって、とうとう本当にA君をさらに好きになって恋に落ちてしまうのです。

行動をきっかけとして、その行動を正当化する形で認識と感情が変化していったのです。

つまり、恋愛に関しては、こういうことが言えます。同じくらい好きなら、早く手を出した方が勝ち。

認識―感情―行動

人間は体（？）を許すと心まで好きに変わっていく

危険な発言ですね。でも、ある一面においては真理なのです。

しかも、男性は経験すると気持ちが冷めますが、女性は経験するとますます燃え上がる傾向があるので、実力行使が効を奏しやすいということがあります。

♥天然記念物硬派ロマンチストの悲劇

私の大学時代に、この真理を知らないばっかりに貧亡クジを引き続けた友人がいました。

彼は硬派のロマンチストであり、中学・高校と男子校で来たものですから、女性の実態とか恋愛の真実といったものを知らなかったのです。大学に入ってから、彼は初めて女性と身近に接したのですが、問題は彼が女性を異常に神聖視していたということでした。

ある女性を好きになります。当然、ライバルはいて、争奪戦のような形になります。そういうとき彼は、

「オレは純粋に彼女を愛しているんだ。だから、彼女がオレの愛を受け入れてくれるまでは、指一本触れない」

という、硬派ロマンチシズムに浸ってしまうのです。

そのプラトニックで一途な恋心は、なかなか貴重なものではありました。ところが、彼が男

の意地を貫いているうちに、ライバルは積極的にアプローチを重ね、どんどん彼女との距離を縮め、とうとう陥落させることに成功してしまうのです。

かくて、彼のはかない男のロマンは、粉々に踏みにじられてしまいました。こんなパターンが、大学四年間で五、六回もあったでしょうか。そのことごとくが、いい線までいきながら、トンビに油揚げをさらわれる形で、実力行使型のライバルに敗れ去ってしまったのです。無惨な青春と言ってもいいでしょう。

社会人になってからは、さすがに彼も硬派ロマンチシズムが時代に適合しないことを悟り、一転して実力行使型に変身したようです。かくして日本は、また一人、硬派を失ってしまったのでした。

彼には気の毒ですが、やっぱり根本的な認識の間違いが大きかったと言わざるをえないでしょう。彼がもし、「態度の三要素」の原理を知っていたなら、また違った青春を歩んでいたかもしれないのですが。

プレイボーイがどんどんもてて、真面目な若者がもてないという世の不条理は、じつはこんなところに原因があったのです。

ですから、これだと思う相手がいたら、意を決して腕を組むとか、唇を奪うとか、どんどん積極的に実際の行動を起こした方が勝ちなのです。そうすれば、一般に思われているよりけっこう簡単に、人の心をある方向に向けることができるということです。

ただし、これはあくまで相手の心に拒否反応がないという前提が必要です。嫌がっているのに、無理矢理実力行使をすれば、受け入れてもらえないどころか、犯罪になってしまいますから。

女性が「嫌、よして」と言ったときに、そこには「嫌よ、して」という要素も含まれているのだと言った人がいますが、相手の反応をよく見て相手を深く傷つけないように行動することが何より大切です。

ともかく、未知のものを経験してみたいという気持ちは誰にでもあります。その未知の領域に足を踏み入れた場合は、それを正当化する心理が働くということです。そのへんはお互い様ですから、いっしょに未知の世界を体験することによって、より深く知り合えてゴールインというパターンも多いようです。

まじめ一辺倒で、相手がみつからない方に、この事実を、とくに知って頂きたいと思います。

♥ひょうたんから駒を出す〝いないはずの小錦秘法〟

恋愛を成功させるための原則として大切なのが、八方美人はダメということです。ある程度のラインまでは、誰に対しても同じように親切にするんです。しかし、特にこれだと思った人には、プラスアルファのアプローチが必要になります。その人だけを、他の人より特別扱いするんです。

たとえば、みんなにお茶を出すとき、その人にだけはお菓子が一個乗ってるとか、そういうのが大切なんです。どうして自分だけ、と思わせることがポイントです。つまり、相手の承認の欲求に働きかけるわけです。

そのうち、相手にとってもこちらの存在が特別なものになってきます。

これをうまく利用したやり方があるんです。名付けて〝いないはずの小錦秘法〟。

いったい小錦がどうしたんだ、とお思いでしょう。今、**「占い喫茶あたーる」**というのを、コスモメイトの先輩で私の手相の先生でもある西谷泰人先生がやっており、私もそこで鑑定をしています。東京と大阪に店があるんですが、その大阪店の方のできごとです。

店に、西谷先生がテレビ番組の中で小錦の手相を観たときの写真が飾ってあるんです。それを見た誰かが勘違いして、「あたーる」の店に小錦が来たと思ってしまったんですね。それで、そういう話がパーッと広まってしまった。

すると、面白いことに、小錦を「あたーる」で見たという人まで現れたんです。実際はそんなことないのに、うわさがうわさを呼んで、一人歩きし始めたんですね。

これを恋愛に応用しようというのが、〝いないはずの小錦秘法〟なのです。

この秘法には共犯者が必要です。まず、友だちを一人、仲間に引きこんでください。

その友だちにうまく演技してもらって、意中の相手に自分のうわさを流してもらうんです。

「新田（ここをあなたの名前に置きかえる）がどうも、君のこと好きみたいなんだよな、あんないい子はいないと言ってたよ」なんてことを、耳打ちしてもらえばいいんです。

そして、周囲にもあなたとあの子はお似合いだといううわさを流すようにします。みんながそのうわさをささやき合っているうちに、ひとつの既成事実のようになってしまうんです。

そうすると、ターゲットの子も、あなたを意識するようになります。相手にとってあなたがよっぽど嫌いなタイプならともかく、そうでなければ、周りのはやしたてる声にだんだんその気になってくるものなのです。

「二人は非常に相性が良くて、両方ともにいい人で、お似合いのカップルだ」といううわさを

恋を実らせる「ウワサ作り」作戦！

広めると、最初は単なる錯覚にすぎないんですが、だんだんそれが本当の恋に変わってくるから面白いのです。

この方法で、関西のコスモメイトでは、二組のカップルが誕生し、とうとう結婚までしてしまいました。

「全然その気がなかったのに、乗せられちゃったかな」なんて言いながら、本人たちは幸せそうな顔をしています。

きっかけはどうであれ、二人の気持ちが寄り添ってしまえば、こういうことも起こるのです。さっそく、仲間を集めて、この〝いないはずの小錦秘法〟にトライしてみてください。ひょっとすると、本当にひょうたんから駒が、いや、うわさから恋人が出てくるかもしれません。

♥〝見恋愛〟で確実な結婚をする

「結婚しました」と人に報告すると、必ず訊かれるのが、「恋愛ですか、お見合いですか」という質問です。どういうわけか、他人が恋愛結婚なのか見合結婚なのかというのが、とても興味の対象になるみたいですね。

答える方も、恋愛の人は「恋愛です」と胸を張って言うんですが、見合の人は「いや、見合いなんですよ」と、控え目な言い方をします。このへんも面白いと思います。
さて、恋愛結婚のメリットといったら、何でしょう。

それは、本当に自分でこの人がいいなと、心から満足して、納得して、一緒になれるというのが非常に楽しいわけです。あくまで自分の自主性に基づいたものであるという点が、圧倒的な人気の秘密だと言えるでしょう。

一方、見合い結婚のいいところは何でしょうか。

まず、どんな人柄かとか、家柄、経済的条件、勤務先、役職など、相手の背景が双方の家族に全部わかります。ですから、良い話だとなれば、みんなが納得するわけです。あとは本人次第ということになります。

恋愛結婚はちょうどこの逆です。お互いが好きで一緒になったのはいいけれど、仕事が不安定だったり、甲斐性がなかったりすると、家族は祝福してくれません。本当に二人だけの愛の世界になってしまうんです。

結婚生活で何が大事か。それは経済的に安定しているかどうかです。いくら愛があったとしても、それだけでは食べていけないわけですから。だいたいケンカになる原因は、経済的な問題なのです。

それから、若い人は結婚したら二人だけの生活が始まると思ってるかもしれませんが、大きな間違いです。本当に二人きりなのは、付き合ってから結婚するまでの間だけ。結婚してしまうと、もう二人きりではいられません。

どういうことかというと、両家の家族や親戚との付き合いが始まるんです。それまではそういうことに関係なく、好きなときに好きなことをできていたのが、法事だのなんだの親族の行事が最優先になります。

また、近所付き合いというのもあります。私の場合、結婚早々に、町内の組の組長役が回ってきて大変な思いをしました。初めての土地で、古くから住んでいる人を集めて集会を持ったり、いろんな自治活動をしたわけですから、苦労しました。

ともかく、結婚して生活を営んでいく段になったら、何が大事かと言うと、実際問題、愛情よりも何よりも、日常生活がきちんとできるかどうかということなんです。

恋愛結婚の危険性は、そのへんの不確実さにあるのです。

そこで私がお勧めしているのが、〝見恋愛〟ということです。見合いをしてから、恋愛するというパターンなんです。

まずは、生活できる最低基準がきちんと保証されている人をみつける。その後で、その人を好きになるわけです。

結局、見合いだろうが恋愛だろうが、ひとつ屋根の下で五十年もいっしょに暮らすためには、相手との愛情を育てるしかないんですから、要求されていることは同じなのです。

それから、恋愛の危険性は、感情が先走っているあまり、冷静な判断力がなくなっている点もあります。周囲の反対を押し切って一緒になったのはいいけれど、すぐにこんなはずじゃなかったと泣きを見る例は山ほどあります。

その点、見合いは、親兄弟が真剣になって相手を品定めするわけですから、残った相手のレベルは、それなりに安心できるということになります。だってそうでしょう。自分の子どもの結婚相手を決めるのに、いい加減ですませる親はいません。ですから、自分一人の判断より確かな判断を、親がしてくれることもあるわけです。

私の意見としては、とにかく見合いをどんどんする。そして、いい相手をみつけてから好きになるんです。

好きになってから客観情勢を調べるんじゃなしに、客観的な条件の合う人をまず探してから、その人と恋愛をする。

この〝見恋愛〟が、最も失敗の確率の少ない結婚の方法ではないかと思います。

見恋愛をしよう！—相手の現実的能力を見極めてから好きになる

♥株式相場と結婚相場

結婚はいつしたらいいのか。だれでもよりよい結婚をしたいですから、今、考えている人よりも、もっといい人があらわれるんじゃないかと、そう思います。そうして、また次の人が出てくると、いやもっといい人があらわれるんじゃないかということで、どんどんと先延ばしにしていきます。ふっと気がついたら、結婚の時期をおくらせていた。「しまった！」ということが多々あるようです。

以前、株を大きく扱っている人にお話を聞く機会がありまして、私はその人から、株で損をしない秘伝を聞いたんです。それをお教えしましょう。

「だれでも欲があって株を買います。できるだけもうけたいと思っていますから、上がり始めると、もっと上がれ、もっと上がれ、もう少し上がってから売ろう。そうして一番高いところで株を売ろうとします。ところが一番高いとわかったときには、実は株は下がっているんです。そうして、しまった、もっと早く売っておけばよかったとくやむわけです。つまり株でもうけるためには、これはもう少し上がるなと思っているくらいのときに売るとよい」。

これが株で損をしないコツだと、そういうふうにその方はおっしゃるわけです。

それを聞いて、私は思いました。なるほど、これは結婚と一緒だ。株式相場と結婚相場は一緒だ。

大体人間というのは、欲があるものですから、その欲で生きていますと、どこかでつまずきます。結婚も、「もう少しいい人があらわれるかもしれないな」と思うところで決めるのがいいと思うのですが、いかがでしょうか。

手相はなんでも知っている

♥手相でわかる結婚相手

黙って手を出せば、何歳で何が起こるのかピタリと当たるのが、西谷先生の開発した西谷式流年《りゅうねん》法の手相鑑定です。

もちろん、何歳で結婚するかもわかりますよ。金運・仕事運・結婚運・性格などもわかります。

どんな男性が強い運をもち、出世をするのか、どんな女性がよい妻となるのかも手相に出ています。

♥彼の手相をチョイと拝見！

彼の手相を見て下さい。

男性は、全体的に線が太くてはっきりしている人が幸運です。これがまずポイント。それから手のひらに手首から中指に向かって真っすぐ延びている線、これを運命線といいます。

男性で運命線が短い人や切れ切れの人は、人生の目標がはっきりしていないことがあります。運命線がはっきりと長く入っている人ほど、すばらしい人生を送ります。

仕事運はどこで見るかといいますと、人差し指のつけ根のところです。そこに生命線から上に向かった線が出ていますか。この線を向上線とよび、その人が努力家かどうかをみます。これが出ている人は頑張り屋です。これがないと、どっちかといいますと、あまり一生懸命仕事をしないという傾向があります。

それから結婚して、やはり浮気は気になりますね。結婚線を見ましょう。結婚線の多い人はちょっと危ないですね。くっきりと一本入っているのが一番いいと思います。感情線が二本以上ある人も、夫婦仲良くする努力をしないと別れる傾向がありますから要注意です。

それから親指の根本の膨らみを金星丘といいますが、ここの大きい人は生命力があります。つまり精力も強いんです。男としてはこの金星丘が非常にふっくらとしているという人が望ましいんです。

あとは太陽線、財運線ですが、太陽線というのは、薬指の根本に出ている線ですが、ない方もいると思いますけれども、これがあったほうがいいですね。たとえ一本でも出ていると人気

向上線
太陽線
財運線
運命線
結婚線

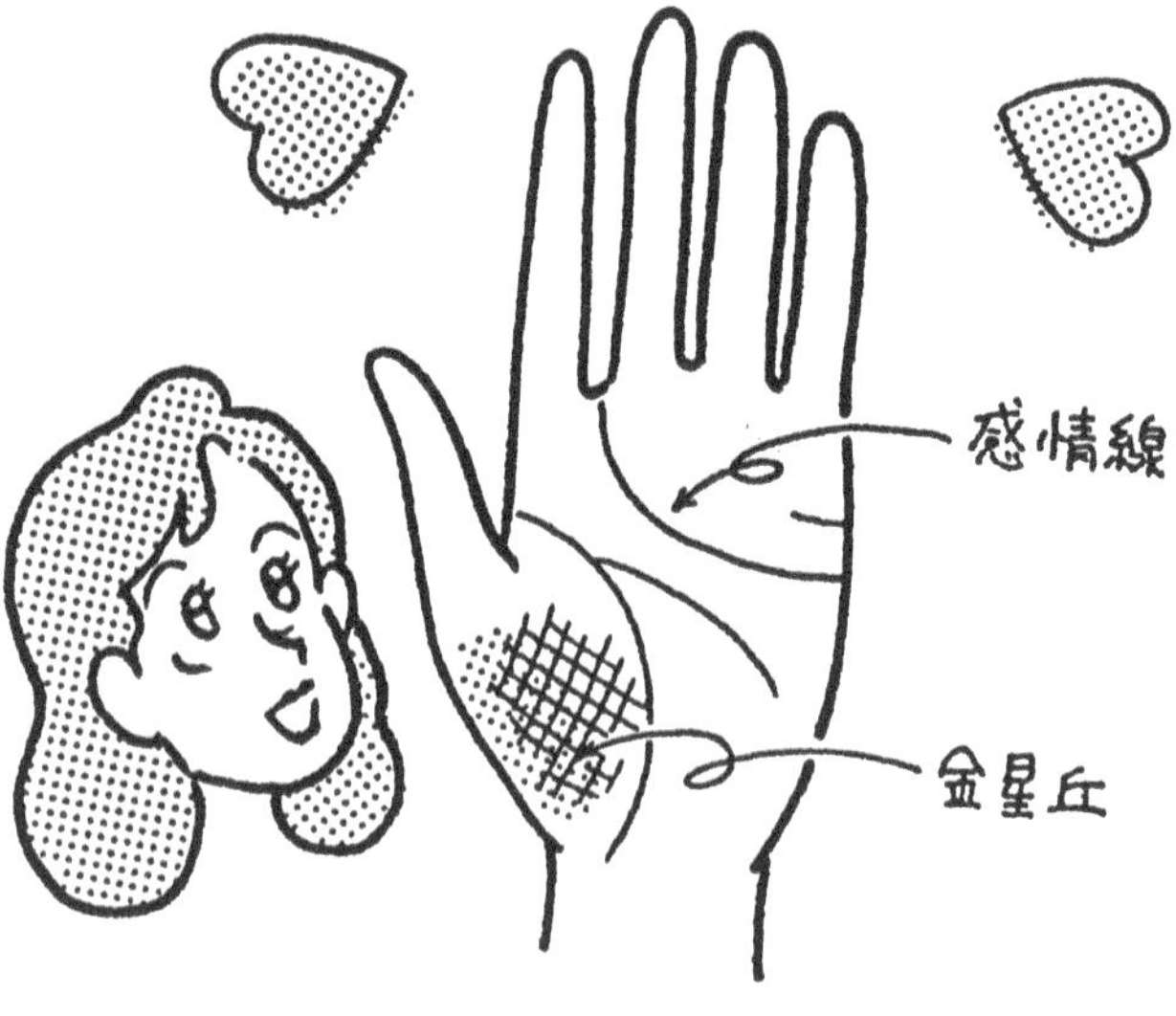
感情線
金星丘

も名誉もついてきます。小指の下の財運線の場合は、これもくっきりとした線が出ているのがいいでしょう。細かいのがたくさんあるという人は、これは入るけれどもよく出ていく。あまり溜まらないということですね。でも社交家で楽しい人だと思います。

今、言いましたところを参考になさってください。

♥彼女の手相をチョイと拝見！

続いて女性ですが、奥さんにするのにふさわしいのは、まず感情線が人差し指と中指の間に入っている人。これは良妻賢母というか、素晴しい世話女房になります。いいと思いますよ。それから運命線ですが、女性の場合は運命線が太過ぎますと、夫の生命力を食ってしまいます。だから男性の場合、自分の運命線と彼女の運命線を見まして、自分のほうが強ければオーケーですけども、そうでない場合はもうかかあ天下そのもので、なかなか自分のほうの運は出ないかもしれません。こういう運命線の強い女性は、やはり仕事を持ったらいいんです。家庭に入ってしまいますと、ご主人とか子どもの運気を非常に傷つけてしまいます。無意識のうちに、強過ぎて傷つけてしまうという、そういう運を持っています。女性の場合は、手全体をぱっと見まして、線がやや多いほうがしっとりとしてやさしい性格です。太い線がはっきり入って、細かいしわがないというのは、少し女性としての情緒というのか、思いやりに欠けるかもしれません。女性は少し細い線が手全体に多いほうがよいのです。特に金星丘に細かい縦横の線がある人は非常に心優しい方ですから、女性には大切なポイントだと思います。

♥一日で一七〇人の異性と出会える!!

ともかく手相というのは日々刻々変わります。ちょうど現在の様子が手相に出ていますので、自分の生き方を変えれば、物の考え方、行動が変われば、手相はすぐに変わりますから、そのつもりで……。手相のとおりになる人生を送るのではなく、手相を変える、すばらしい手相にするような人生を送っていただけたらと思います。

なお、より詳しく手相を見ていただきたいといわれる方、結婚とか、相性とかについて見ていただきたいといわれる方は「あたーる」にご連絡ください。

「あたーる」には多くの方が鑑定にいらっしゃいますが、みんな素適な方なのに、出会いのチャンスがないばかりに恋人がいないといわれます。そこで、鑑定にいらっしゃった独身の男女を対象に**「ピッタンコパーティ」**を開いています。先日の、都ホテルでのピッタンコパーティには、男性168人女性174人の方が参加されました。お医者さん・学校の先生・経営者など、職業も年令もさまざまです。101回のプロポーズどころではありません。全員が一日で170人近くの方とお見合をしたわけです。

一人ひとり順番に普通のお見合をしていたのでは何年もかかってしまいますし、なかなか意に叶った人と出会うこともできません。この日はなんと43組（86人）のカップルが誕生しました。25％の人が相手を見つけたわけです。ほかのこのようなパーティでは一割くらいしかカップルができないといいますから、ピッタンコパーティには素適な人が多いということでしょうね。恋人のいない方、結婚をしたい方は、「あたーる」で鑑定を受けて、ピッタンコパーティに出てみるとよいと思います。

西谷先生、西谷先生のお弟子の手相鑑定をはじめ、気学・四柱推命・占星術などの鑑定も行なっています。

連絡先　〇三―五三八二―三七六四（東京店）
　　　　〇五二―三二三―六五八九（名古屋）

◆◆◆◆◆結　論◆◆◆◆◆

♥これが相手を十倍動かす法だ！

「異性を思いどおりに動かす」というテーマにそってこれまでずっと書いてまいりましたが、さて、結論です。賢明な読者はもう既におわかりのことと思いますが、まず人間というのは自分自身でさえ、なかなか思うようにコントロールできません。自分さえ思うようにできないのに、夫とか、妻とか、恋人とか、他人が自分の思いどおりになるはずがありません。だけれども、それを思いどおりにしたいというのが人間ですから、まずどうすればいいかといいますと、相手は自分の思いどおりには動いてはくれないものだというふうに悟ることです。その思うように動かない相手が思うように動いてくれることは「有難い」ことだ、そういうふうに悟ることです。すると感謝の心が出てきます。

その上で、あの人のために力になりたい、あの人のために動いてあげたい、そう思ってもらえるような魅力的な人間になる努力を続ける。そして自分が今よりも十倍立派になれば、人は今よりも十倍、自分の思うとおりに動いてくれるということです。

違う言い方をすれば、自分に徳分が高まれば、人は動いてくれる。つまり自分自身を磨き、徳を積むことによらなければ、人は動いてくれないということですから、男性にしろ、女性にしろ、今ある環境の中で、力いっぱい自分自身を高めること。そして世のため、人のために、微力ながらも、こつこつとよいことをする。できれば人にわからないように陰徳を積む。その徳分がずっと高まっていく中で、だんだん自分が変わり、そして周りが変わって、周りの人が自分の思いどおりに動いてくれるようになる。おのずとそうなる。これが「異性を思いどおりに動かす」、究極の理想ということが言えるでしょう。

おわりに

より大きく広い立場で、世の為にお役に立ちたいと考えて、悩んだすえに、天職とまで思っていた大好きな教師の職を辞して、現在は講演、人生相談などで全国を飛び回っています。

家に居ることもほとんど無いような毎日で、家内や娘達にとっては、良き夫、良き父親とは言えませんが、こうして活動できるのも、家族の理解と応援があってのことと心から感謝をしています。

本書の題は、実業家であり天才的神霊家である我が人生の師、深見青山先生につけて頂きました。深見先生のご指導あっての今の私だと、家内とともに感謝をしています。

また出版にあたっては、手相の師でもある西谷先生にいろいろとアドバイスを頂きました。本当に楽しみながら執筆することができたのも西谷先生のお陰です。

最後になりましたが、この本を手にして下さった読者の皆さんに感謝いたします。本書が皆さんの幸せに役立つことができるとすれば、こんなに嬉しいことはありません。どこかでお目にかかれるのを楽しみにしています。

一九九三年十月吉日

新田義治

この本で紹介する書籍並びに、次々出版される新刊や、講演会、占い喫茶『あたーる』、そしてさまざまな催し物などに関しての詳しい情報は、本書のはさみ込みのハガキか、左記の「無料パンフレット希望係」まで御請求ください。（無料です）住所〒167東京都杉並区西荻南2―25―15エスポワール西荻「異性を思いどおりに動かす・無料パンフレット希望係」まで。

橘出版の好評書籍群

◎深見青山の愛蔵版シリーズ

四〇万部突破の「強運」になれる㊙ノウハウ満載の強力版

強運　愛蔵版　一二〇〇円

強運　新書愛蔵版　九八〇円

神霊学か教える出世と蓄財の道

大金運　愛蔵版　一二〇〇円

大金運　新書愛蔵版　九八〇円

善悪、才能、運というものの原理を明かした驚異の本！

大天運　愛蔵版　一二〇〇円

大天運　新書愛蔵版　九八〇円

瞬間に開運てきる大へストセラー

大除霊　愛蔵版　一二〇〇円

幸運、不運の方程式をすへて解き明かした話題の神霊書

神界からの神通力　愛蔵版　一二〇〇円

神界からの神通力　新書愛蔵版　九八〇円

神霊世界に革命か起こり始めた！

神霊界　愛蔵版　一二〇〇円

守護霊を活用すれはアノという間に成就する

恋の守護霊　愛蔵版　一二〇〇円

読むたけて運勢１０倍となる激変の書！

大創運　愛蔵版　一二〇〇円

人か正しく、素直に生きる姿勢を説いた、人生指針の書

究極の運命論　深見青山著　一三〇〇円

正しい神霊知識に基つく運命改善法

信仰の道　深見青山著　一九〇〇円

◎西谷泰人ベストセラーシリーズ

アノと驚く、万能になれる自己能力開発の具体策満載

観音力　西谷泰人著　八〇〇円

ヤル気と情熱かこみ上げるロンクセラー！

開運秘伝　西谷泰人著　八五〇円

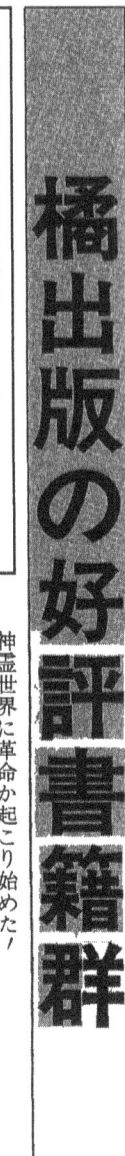

必ず成功する幸運獲得術を具体的に解説
開運100%　西谷泰人著　八〇〇円

爆発的に頭かよくなる！
大頭脳　西谷泰人著　八八〇円

金運・成功運・出世運、そして結婚運かみるみる開く！
運勢たちまち大逆転　西谷泰人著　八八〇円

守護霊の実体と、霊界の真実をわかりやすく解説
守護霊　西谷泰人著　八〇〇円

モテる男と女を徹底研究した話題のベストセラー
大モテ運　西谷泰人著　八五〇円

今日から急に運かよくなるスーパー開運書！
大強運　西谷泰人著　八八〇円

潜在意識を100%引き出すミラクル㊙ノウハウ大公開！
大想念　西谷泰人著　八五〇円

日本の財界トップ24名か証す成功の秘密とは!?
トップになれる極意　西谷泰人著　八五〇円

感動！　161名に及ぶ実在の守護霊からのメッセージ掲載
自分で守護霊が持てる本　西谷泰人著　八五〇円

恋人に愛され、夫に愛され、妻や上司に愛されるノウハウ満載！
愛され運　西谷泰人著　八五〇円

この一冊で、自分や人の結婚や独立の年かピタリと解る！
あなたも手相でノストラダムスになれる　西谷泰人著　八五〇円

死ぬまで燃え続けられる人になれる！
燃えつづけ運　西谷泰人著　八五〇円

これを知ったら、もう周りはあなたに釘付け！
人気独占運　西谷泰人著　八八〇円

読むだけでみるみる超能力か出てくる
あっという間に超能力がつく！　西谷泰人著　八八〇円

ついにモテる謎を発見！　三万人を徹底調査!!
モテる謎　西谷泰人著　八八〇円

大ヒット「与作」の作詞・作曲家の著者か書き下ろした話題の神霊書
絶対の開運術　北山高望著　八〇〇円

あなたの恋はいつ来るのか？　ズバリ的中！
伊藤洋子の奇跡の手相術　伊藤洋子著　八八〇円

How to Move People to Your Will: Volume 1

This edition published in cooperation with toExcel, a strategic unit of Kaleidoscope Software, Inc.

For information address:
toExcel
165 West 95th Street, Suite B-N
New York, NY 10025
www.toExcel.com

ISBN: 1-58348-060-9

Library of Congress Catalog Card Number: 98-88937

Printed in the United States of America

0 9 8 7 6 5 4 3 2 1

www.ingramcontent.com/pod-product-compliance
Lightning Source LLC
Chambersburg PA
CBHW030439290526
45786CB00001B/354
9781583480601